Yam-Yam
A Piece Of Delight

KB116592

Contents

From. Director

GREETING

밥은 단순히 '끼니'만을 의미하지 않는다. 누군가를 향한 관심과 애정이다. 부모님의 안부전화는 "밥 먹었니?"로 시작해서 "밥 잘 챙겨 먹어라"로 끝난다. 옛 친구와의 해후를 "밥 한 번 먹자"로 마무리한 경험도 있을 것이다. 쌀 한 톨이 귀하던 시절, 가족과 친구가 굶지 않길 바라는 마음이 밥 속으로 배어들어 오늘날까지 내려온 것이리라.

어느 식료품 업체의 광고문구처럼 밥을 짓는다는 건 사랑을 말하는 가장 쉬운 방법이다. 누군가를 위해 재료를 고르고, 썰고, 찌고, 볶는 행위에는 숭고함이 깃들어 있다. 그토록 난해한 사랑을 명징하게 보여주는 행위인 것이다. 동그란 식탁에서 먹고 마시며 웃는 사이, 행복은 가장 단순한 모습으로 둥글게 둥글게 피어오른다. 모든 세포와 무의식이 '지금 나는 좋다'고 속삭인다.

이런 풍성한 행복을 나누자는 바람으로 멜로우 4호 테이블을 차렸다. 음식 앞에서 눈망울이 더욱 말랑해지는 녀석에게 더 좋은 것 먹이고 싶은, 그리하여 심장은 더 건강하게 뛰고 털 빛깔도 더 선명해지길 바라는 소망을 담았다. 내 입으로 음식이 들어올 때보다도 더 만족스러운 포만감을 느끼며 생각했다. '사랑이 밥 먹여 준다'

디렉터 **김은진**

갸르릉 테라피

My Own Purr Therapy

글·사진 김보경 @especialbk / **에디터** 박조은

love is all

포근하게 웅크려 있는 고양이가 무릎 위에서 내는 편안한 소리. 이 갸르릉거리는 20~140헤르츠 범위의 진동은 우리의 몸과 마음을 치유한다.

김 바비, 김 마리… 김밥, 김말이? 재밌는 이름이에요.

줄여서 김밥마리, 첫째 고양이 마리와 둘째 바비의 애칭이에요. 저는 어릴 때부터 고양이를 정말 좋아했어요. 그리고 '언젠가 고양이를 키우게 된다면 이름은 마리 앙투아네트로 지어야지'라는 막연한 생각을 가지고 있었어요. 그래서 첫째 고양이의 이름은 마리가 되었어요. 제가 김 씨인지라 '김 마리'라고 불리게 되었죠.

그리고 얼마 후에 운명처럼 둘째가 생겼어요. 이 하얀 고양이의 이름을 고민을 하다가 도무지 이름이 떠오르지 않았던 차에, 30년 지기 친구가 아이디어를 줬어요. "바비로 지으면 어때? 둘이 합쳐서 김밥말이라고 부르면 되겠다"면서요. 그렇게 지금의 김밥마리 형제가 되었죠.

테이블 위에서 작은 여유를 찾으시는 것 같아요.

현대 사회에서 사람들의 일상은 바쁘게 돌아가요. 숨 돌릴 틈도 여유를 즐길 틈도 없죠. 저도 마찬가지예요. 스트레스를 받는 것이 당연한 일상 속에서 유일한 힐링은 집과 고양이에요. 퇴근 후, 그리고 쉬는 날, 홈 카페에서 고양이와 함께하는 시간이 저에게는 소중해요. 아니 왜 고양이는 보고만 있어도 힐링이 되는 거죠? 가끔, 아니 자주 고양이가 사람보다 낫다는 생각을 한답니다.

고양이와 함께하기 전의 저는 쉬는 날엔 무조건 집 밖에 나가야 했어요. 친구를 만나서 맛있는 걸 먹고, 가까운 여행지라도 다녀와야 했죠. 어쩌다 아무 약속이 없어 집에 있는 날은 괜스레 외롭고 우울해지기도 했었어요. 그랬던 제 삶에 고양이가 들어왔어요. 이후로 생각과 삶의 방식이 완전히 달라졌답니다. 일상에 지쳐 벗어나려고만 한 제게 삶을 즐기는 방법을 알려준 것 같아요. 나만의 공간인 테이블에서 혼자만의 시간을 갖고, 좋아하는 음악을 들으며, 세상에서 제일 사랑스러운 고양이들과 시간을 보내니 행복을 찾아 밖으로 나설 필요가 없어졌어요. 가장 큰 행복이 있으니까요.

바비는 항상 함께 있네요. 한 손을 뻗어 테이블 위에 올려 둔 바비의 모습이 정말 귀여워요.

테이블 위로 뻗은 오동통한 손이 너무 귀엽죠? 바비는 호기심이 많은 고양이에요. 매일매일이 새로운가 봐요. 의자에 앉아 테이블 위로 얼굴만 쏘옥 내미는 모습이 어찌나 귀여운지… 조그마한 손으로 이것저것 만지려고 하는데 그 모습이 마치 아기 같아요. 접시에 빵과 포크가 놓여 있으면 꼭 만져 보려고 해요. 궁금한데 겁은 많아서 조심스러운 그 모습이 정말 사랑스러워요.

바비는 고양이가 맞나 싶을 정도로 하루 종일 저를 따라다녀요. 눈만 마주쳐도 발라당 누워 골골송을 부르고 꾹꾹이를 하며 애교를 부려요. 옆에 꼭 붙어서 쓰담쓰담 해달라며 제 손을 툭툭 치고, 얼굴을 비비고, 잘 때도 딱 붙어서 자요. 그러다 보니 제가 시간을 많이 보내는 테이블에 옆에 꼭 따라와서 맞은편에 앉아요. 그 모습을 사진으로 찍어 SNS에 올렸는데 많은 관심을 받았어요. 김밥마리로 인한 행복을 다른 분들도 함께 느낄 수 있어서 좋아요.

마리는 침대를 더 좋아하는 것 같아요.

첫째 고양이 마리는 똑똑하고 독립적인 고양이에요. 아들을 남자답게 잘 키운 것 같아요. 혼자만의 시간을 즐길 줄 알아요. 침대에 누워서 책도 보고요. 도움이 필요할 때에는 당당하게 요구할 줄 알죠. 영재교육원에 보내야 될까 봐요(웃음). 이렇게 독립적인 마리가 가끔 다가와서 무릎 냥이가 되어주는 순간이 있어요. 제가 앉아있는 테이블로 와서 읽고 있는 책에 관심을 보여주기도 해요. 그럴 때는 마음이 사르르 녹아요. 이게 바로 진정한 고양이의 매력이 아닐까요? 벗어날 수가 없어요.

love is all

고양이로 인해 완성되는 테이블이네요.

맞아요. 어느 순간부터는 테이블에 고양이가 없으면 허전하기까지 해요. 퇴근 후 마주 앉은 고양이가 "오늘도 수고 많았어"라고 말해주는 것 같아요. 무슨 일이 있어도 곁에 있어주고, 보고만 있어도 웃음이 절로 나는 김밥 마리. 존재만으로 저에게 행복을 준다는 것을 아이들도 알고 있을까요?

동그란 아지트

A Round Hideout

글·사진 규리 @seoeune / 에디터 박조은

하나, 둘, 셋, 넷… 네 마리 고양이가 테이블 옆에 옹기종기 모여 있네요.

안녕하세요. 이 테이블의 주인이자 다묘집사인 규리입니다. 노묘인 송이와 새침한 공주 몽이, 미모와 귀여움을 담당하고 있는 막둥이 땅이와 동이까지 네 마리 고양이와 함께 살고 있어요.

공간이 정말 아름다워요. 중심에는 항상 테이블이 있고요.

구조가 독특하죠? 우리 가족은 오래된 빌라에 살고 있어요. 복층과 넓은 베란다가 특징이죠. 베란다는 남편과 제가 애정을 가지고 꾸민 공간이에요. 취미인 캠핑에 필요한 용품들을 보관하기도 하고 큰 창으로 들어오는 햇빛이 좋아 반려 식물들을 두기도 해요. 무엇보다 고양이들이 캣타워에 앉아 바깥을 내다보기에 딱이랍니다. 항상 나무와 새가 보이거든요.

베란다 바로 옆에 위치한 거실 한편에는 테이블이 있어요. 저만의 서재인 테이블은 제일 좋아하는 공간이에요. 여기서 아침마다 음악을 듣고 커피를 마시고 이것저것 읽고 써요. 바로 옆 베란다에서 자라고 있는 식물들의 푸르름과 고양이들이 뒹구는 모습을 가만히 바라보기도 하고요.

모닝 루틴이군요. 그 시간이 궁금해요.

출근 전 테이블 위에서 보내는 시간이 저에게는 정말 소중해요. 아침에 일어나면 먼저 네 마리 고양이들과 반려 식물을 살펴요. "간밤에 무슨 일은 없었니?"하면서요. 그리고 테이블에 앉아서 좋아하는 라디오나 LP를 들으며 커피를 내려 마시죠. 그러면

Ben Nicholson
the years
of experiment
1919-39
MINUTE JOURNAL

어느새 테이블 근처에 고양이들이 모여들어요. 다음은 모닝 루틴 중에 제일 좋아하는 시간이에요. 5분 동안 일기를 쓰는데 쓰다 보면 5분이 꽤 길게 느껴지곤 해요. 아침마다 자신과 회의를 하는 기분이라고 해야 하나… 오늘 하루를 잘 보낼 수 있을 것 같은 용기가 생겨요.

그래서 이 집 고양이들은 캣타워보다 테이블인가 봐요.
부부가 함께 자영업을 하고 있어서 아이들과 하루 종일 있어주지는 못해요. 그러다 보니 아이들에게도 집사와 함께하는 시간이 소중한가 봐요. 그래서 테이블에서 보내는 시간은 항상 아이들과 함께에요. 지금 와서 생각해 보니 참 귀엽고도 기특하네요. 저희가 출근한 뒤에 각자의 자리로 돌아가 하루 종일 기다릴 아이들을 생각하니 짠하기도 하고요.

테이블 위에 올려 둔 물컵의 물이 자꾸 사라진다는 소문이 있어요(웃음).
범인은 바로 유일한 남자아이이자 호기심 대마왕인 땅이에요(웃음). 땅이는 몸이 작고 약해서 병원에 버려진 아이였어요. 케이지 생활을 오래 해서인지 처음 집에 왔을 때 겁도 많고 선천적으로 몸도 안 좋았어요.
다행히도 지금은 많이 건강해지고 성격도 대담해져서 다른 고양이들 하는 건 자기도 다 해보고 싶어 해요. 이제는 테이블 위에 놓인 물을 훔쳐 먹기도 한답니다(웃음). 정말 대견하고 사랑스럽지 않나요?

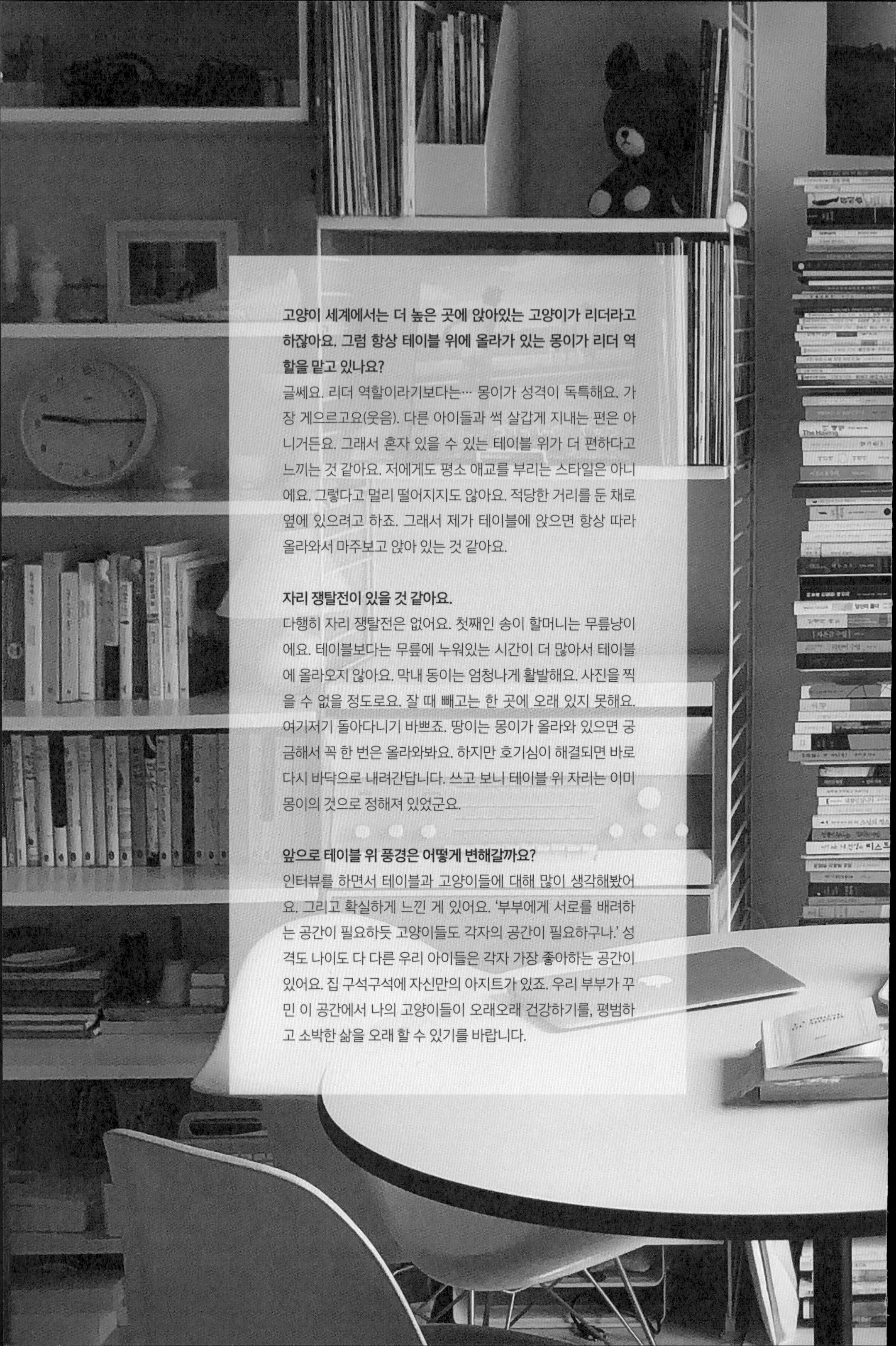

고양이 세계에서는 더 높은 곳에 앉아있는 고양이가 리더라고 하잖아요. 그럼 항상 테이블 위에 올라가 있는 몽이가 리더 역할을 맡고 있나요?

글쎄요. 리더 역할이라기보다는… 몽이가 성격이 독특해요. 가장 게으르고요(웃음). 다른 아이들과 썩 살갑게 지내는 편은 아니거든요. 그래서 혼자 있을 수 있는 테이블 위가 더 편하다고 느끼는 것 같아요. 저에게도 평소 애교를 부리는 스타일은 아니에요. 그렇다고 멀리 떨어지지도 않아요. 적당한 거리를 둔 채로 옆에 있으려고 하죠. 그래서 제가 테이블에 앉으면 항상 따라 올라와서 마주보고 앉아 있는 것 같아요.

자리 쟁탈전이 있을 것 같아요.

다행히 자리 쟁탈전은 없어요. 첫째인 송이 할머니는 무릎냥이에요. 테이블보다는 무릎에 누워있는 시간이 더 많아서 테이블에 올라오지 않아요. 막내 동이는 엄청나게 활발해요. 사진을 찍을 수 없을 정도로요. 잘 때 빼고는 한 곳에 오래 있지 못해요. 여기저기 돌아다니기 바쁘죠. 땅이는 몽이가 올라와 있으면 궁금해서 꼭 한 번은 올라와봐요. 하지만 호기심이 해결되면 바로 다시 바닥으로 내려간답니다. 쓰고 보니 테이블 위 자리는 이미 몽이의 것으로 정해져 있었군요.

앞으로 테이블 위 풍경은 어떻게 변해갈까요?

인터뷰를 하면서 테이블과 고양이들에 대해 많이 생각해봤어요. 그리고 확실하게 느낀 게 있어요. '부부에게 서로를 배려하는 공간이 필요하듯 고양이들도 각자의 공간이 필요하구나.' 성격도 나이도 다 다른 우리 아이들은 각자 가장 좋아하는 공간이 있어요. 집 구석구석에 자신만의 아지트가 있죠. 우리 부부가 꾸민 이 공간에서 나의 고양이들이 오래오래 건강하기를, 평범하고 소박한 삶을 오래 할 수 있기를 바랍니다.

icholson

The FIV

Meow Chewing

글·사진 임희수 @_forrestroom / **에디터** 박재림

The Rainbow

숲방의 식탁에선 무지개가 오도독

가을의 아침 햇살이 창가를 두드린다. 주방에서 딸깍, 부스럭 소리가 새어 나오자 이내 고양이들이 이곳저곳에서 나타난다. 멋진 턱시도 고양이가 앞장서고 나머지는 그 뒤를 따른다. 정갈한 받침대 위 식기 근처로 몰려든 일곱 식구들. 오도독 와드득 와그작… 청아하고 경쾌한 소리들이 하모니를 이룬다. '숲방'은 오늘도 변함없이 무지개가 떴다.

마치 고양이들이 하루의 시작을 알리는 듯 합니다.

하하, 그런가요? 저는 숲방(Forrest Room)에서 남편, 고양이들과 살아가는 사람이랍니다. 저희는 도시 한복판에서 살다가 지난해 초 이사를 했어요. 7마리 고양이가 마음껏 뛸 수 있는 넓고 조용한 공간을 찾아 이곳으로 온 거죠. 숲(Forest) 같은 곳에서 휴식(For rest)을 취하며 산다는 의미를 담은 애칭을 붙였어요.

지금 보시는 고양이 식기 받침대는 저희 부부가 직접 만든 거예요. 고양이 간식통, 베란다의 캣워커도 마찬가지죠. 바닥재는 고양이가 미끄러지지 않도록 마이크로 시멘트를 사용했고, 햇빛을 받으며 쉴 수 있도록 베란다 평상 주위로 스크래처와 방석, 해먹을 뒀어요. 고양이들을 생각한 인테리어인데 다들 더 편안해하고 사이좋게 지내는 것 같아 만족입니다.

나란히 앉아서 밥 먹는 모습이 단란한 가족 같아요.

잘 보셨어요. 실제로 가족이랍니다! 첫째 '멍뭉'이와 둘째 '겨자' 사이에서 태어난 5둥이거든요. 묘연을 차례대로 설명하자면, 멍뭉이는 2015년 11월 처음 만났어요. 어릴 때 상자에 담겨 버려진 새끼 고양이를 지인이 구조해서 임시보호 하던 중 저와 인연이 닿았죠. 까만 코의 턱시도 멍뭉이는 이름처럼 사람들에게 친화적인 발랄한 고양이입니다.

약 1년 뒤 저희 집으로 온 둘째 역시 지인이 구조한 길고양이였다고 해요. 눈 위에 살짝 있는 노란 털이 꼭 겨자가 묻은 것 같아서 붙인 이름이죠. 얼마 지나지 않아 임신을 했고 2017년 2월 출산했어요. 새끼들은 엄마 이름에 맞춰 여러가지 소스로 불러요. 치즈 태비 '체다', 하얀 털의 '마요', 등에 황토색 무늬가 있는 '카야', 코에 얼룩이 있는 '춘장', 회색 태비 '페퍼'입니다.

직접 만드신 고양이 식기 받침대가 만찬장의 근사한 테이블처럼 보여요.

고양이 용품을 비롯한, 집에 어울리는 가구를 직접 만들고 싶어서 취미로 목공을 배웠어요. 식기 받침대를 만들 때 가장 중요하게 생각한 건 높이예요. 먹으려고 앉았을 때 불편하지 않을 정도의 높이 말이죠. 앉았을 때 다리 길이를 각각 재서 그 평균값으로 맞췄습니다. 또 좁다고 느끼지 않도록 간격도 신경 썼죠. 구멍은 총 9개를 뚫었습니다. 7개는 식기, 2개는 캣그라스 화분용. 풀을 뜯을 때 화분이 자주 넘어지곤 했거든요.

저희 부부가 애정을 담아서 만든 식탁인데 고양이들이 잘 써주니 뿌듯할 따름이에요. 원래 쓰던 식기와 잘 어울리고, 받침대에 올렸을 때 살짝 기울어지는 것도 맘에 들어요. 따로 지정석은 없지만 가장 먼저 사료가 담기는 자리는 언제나 멍뭉이의 차지입니다(웃음).

일곱 가족이 항상 같이 밥을 먹나요?

아무래도 다묘가정이라 제한급식을 하고 있어요. 식사량을 통해서 건강 상태와 컨디션 체크를 해야 하고, 체중 관리도 필요하니까요. 사료가 오랜 시간 상온에 노출되는 것도 좋지 않구요. 그릇을 자주 씻을 수 있으니 위생에도 좋은 것 같아요. 다 같이 모여서 밥을 먹는 귀여운 사진을 자주 찍을 수 있는 것도 장점이네요, 하하.

흔히들 다묘가정이면 그릇을 여러 군데 놓아서 제각각 떨어져서 먹도록 하는 게 좋다는데, 저희 집 아이들은 가족이라 그런지 모여서도 싸우지 않고 잘 먹어요. 어려서부터 한 줄로 배치된 식기를 써와서 그런 것 같기도 해요.

식탁에서 '개묘차'로 고민하는 경우는 없으신가요?

예전부터 여러가지 종류의 사료를 실패(?)를 한 덕분에 이제는 정착(!)을 한 것 같아요. 아이들 '최애'는 치킨 베이스의 유기농 사료입니다. 스트레스 예방 사료와 방광 보호 사료도 번갈아 먹이죠. 간식도 캔, 우유, 젤리 등 다양한 텍스처(재질감)를 어려서부터 접하도록 했어요. 여러가지 맛이 들어있는 샘플을 사서 누가 뭘 잘 먹나 체크했죠.

그러면서 '체다'는 일반적인 고양이와 다르게 츄르는 아예 입에도 대지 않는, 습식을 싫어하는 딱딱한 간식파인 걸 알게 됐어요. 체다 말고는 대체로 가리지 않고 잘 먹는 편이에요. 물론 조금씩 입맛이 다른 건 있어요. 양고기를 좀 더 좋아하는 아이가 있고, 연어를 더 선호하는 아이가 있는 식으로 말이죠.

영양제나 유산균을 먹일 땐 츄르에 섞어줘요. 그런데 체다는 츄르를 먹지 않는다고 했잖아요? 그래서 영양제 먹이기가 어려웠는데 여러 도전 끝에 방법을 찾았어요. 체다가 제 손을 자주 그루밍한다는 데서 착안해 영양제를 손등 위에 올려두니 잘 핥아 먹더라고요. 스트레스 받지 않는 방법을 찾아 다행이죠.

식탁만큼이나 눈에 띄는 것이 다양한 물그릇입니다.

많은 고양이 집사가 음수량에 신경을 쓰죠. 저 역시 음수량을 늘리려 이것저것 많이 시도해봤습니다. 다들 취향이 제각각이더라고요. 흐르는 물을 선호하는 아이, 수염에 물이 닿는 게 싫은 아이, 실온과 비슷한 미지근한 물을 좋아하는 아이 등등. 그렇게 데이터를 쌓은 뒤 현재는 도자기 재질의 자동 급수정수기 3개, 투명한 유리그릇 2개, 스테인리스로 된 넓은 수반 1개를 사용하고 있어요.

물그릇은 식탁과 화장실에서 최대한 떨어진 곳에 배치했어요. 깨끗한 물로 인식하도록 말이죠. 노력 덕분인지 다들 물을 잘 마시는 편입니다. 총 여섯 가지 물그릇이 있다고 했는데 사실 고양이들의 '원픽'은 따로 있어요. 그건 바로 제가 마시려고 떠

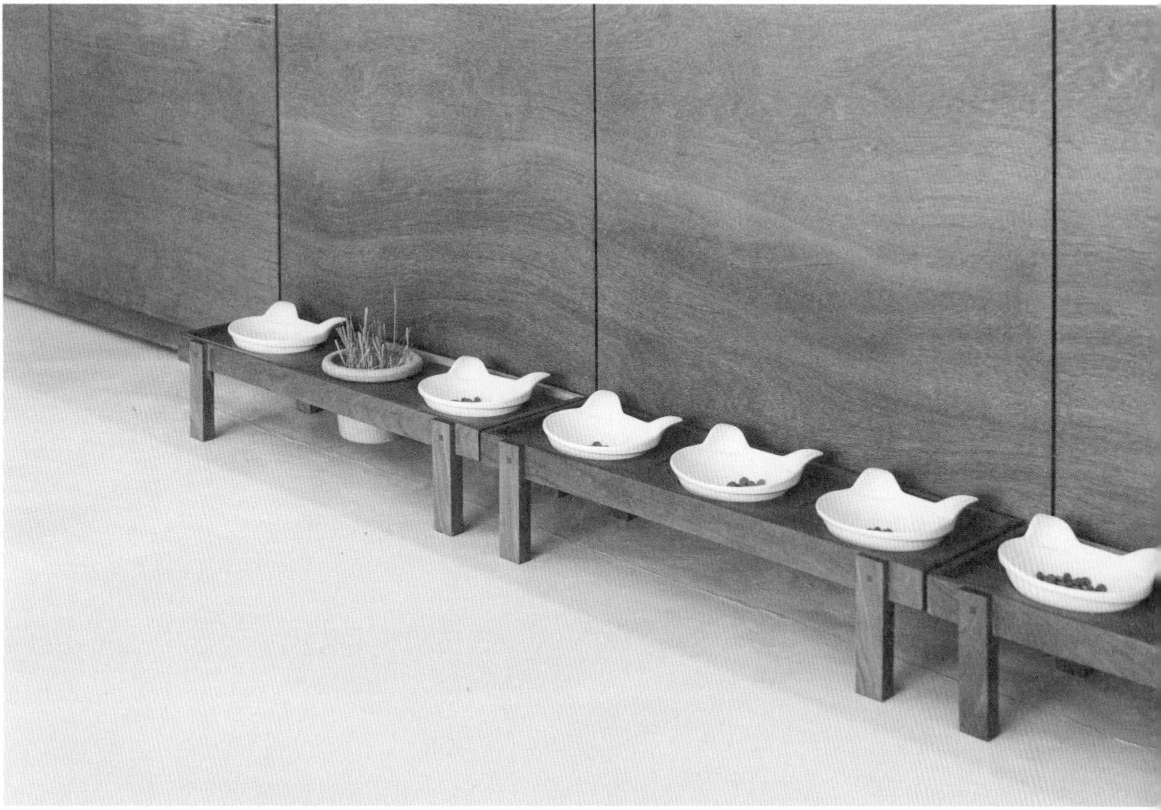

온 물이죠. 자기들 것 있으면서 꼭 저의 물컵을 탐낸답니다(웃음).

꼼꼼한 다묘가정 집사의 하루는 24시간이 모자랄 것 같네요.

고양이들 밥을 주는 것으로 시작해서 다시 밥을 주는 것으로 마무리된다고 할 수 있어요. 오전 9~10시 사이 일어나자마자 아이들 식사를 챙기죠. 물도 갈아주고요. 그 뒤 청소를 하고 집에서 업무를 봅니다. 그동안 낮잠을 자거나 뛰어놀던 아이들이 오후 5~6시쯤 되면 슬슬 컴퓨터 근처로 와요. 일하는 걸 방해하기 시작하면 그때 또 밥을 주죠. 그 뒤 사냥놀이를 하고 또 청소를 한 뒤 물을 갈아줍니다. 남편과 저녁식사를 마치고 무릎에 고양이를 올려놓은 채 TV나 영화를 보며 쉰 다음에는 아이들 저녁을 줍니다. 그리고는 각자 좋아하는 자리에서 하루를 마무리해요. 고양이들과 보내는 평범하지만 따뜻한 일상이 우리에겐 너무 소중하답니다.

마지막으로, 숲방의 식탐왕이 궁금합니다!

하하, 단연 첫째 멍뭉이에요. 배고프면 온갖 애교를 부리고, 그래도 안 통하면 혼자 사료 뚜껑을 열고 엎어서 자급자족(!)하기도 하죠. 식기에 둔 사료를 가장 먹는 아이도, 먹이 퍼즐의 간식을 마지막까지 빼먹는 아이도 멍뭉이에요. 나머지와 달리 사람 음식에 관심을 보이는 것도 멍뭉이죠. 언젠가 요리하려고 올려 둔 북어를 물어간 적이 있어요. 찐 고구마를 한 입 베어먹은 적도 있답니다.

茶太郎の
スイーツ大作戦!!
2022 AUTUMN

차타로의 디저트 대작전

테이블 위 달콤한 디저트가 올라온다. 슬쩍 내밀어본 앞발은 하릴없이 돌아올 뿐.
매번 실패로 끝나지만 우리의 '차타로'는 포기하지 않는다. 언젠가는 맛보고 말 거야.
차타로의 디저트 대작전은 오늘도 계속된다.

글·사진 Coo @shippona77 / **에디터** 박재림

안녕하신가옹.
나는 일본에서 살아가는 고양이,
이름은 '차타로'라고 한다옹.

나이는 올해로 6살,
2016년 봄부터 집사와 지내고 있지옹.

달콤한 디저트를 좋아하는 우리 집사를 꼭 닮아서
케이크, 빵, 푸딩을 보면 두 눈이 반짝인다옹.

나, 차타로에게 테이블이란
향긋하고 흥미로운 사냥터랄까(웃음)

スイーツ大作戦

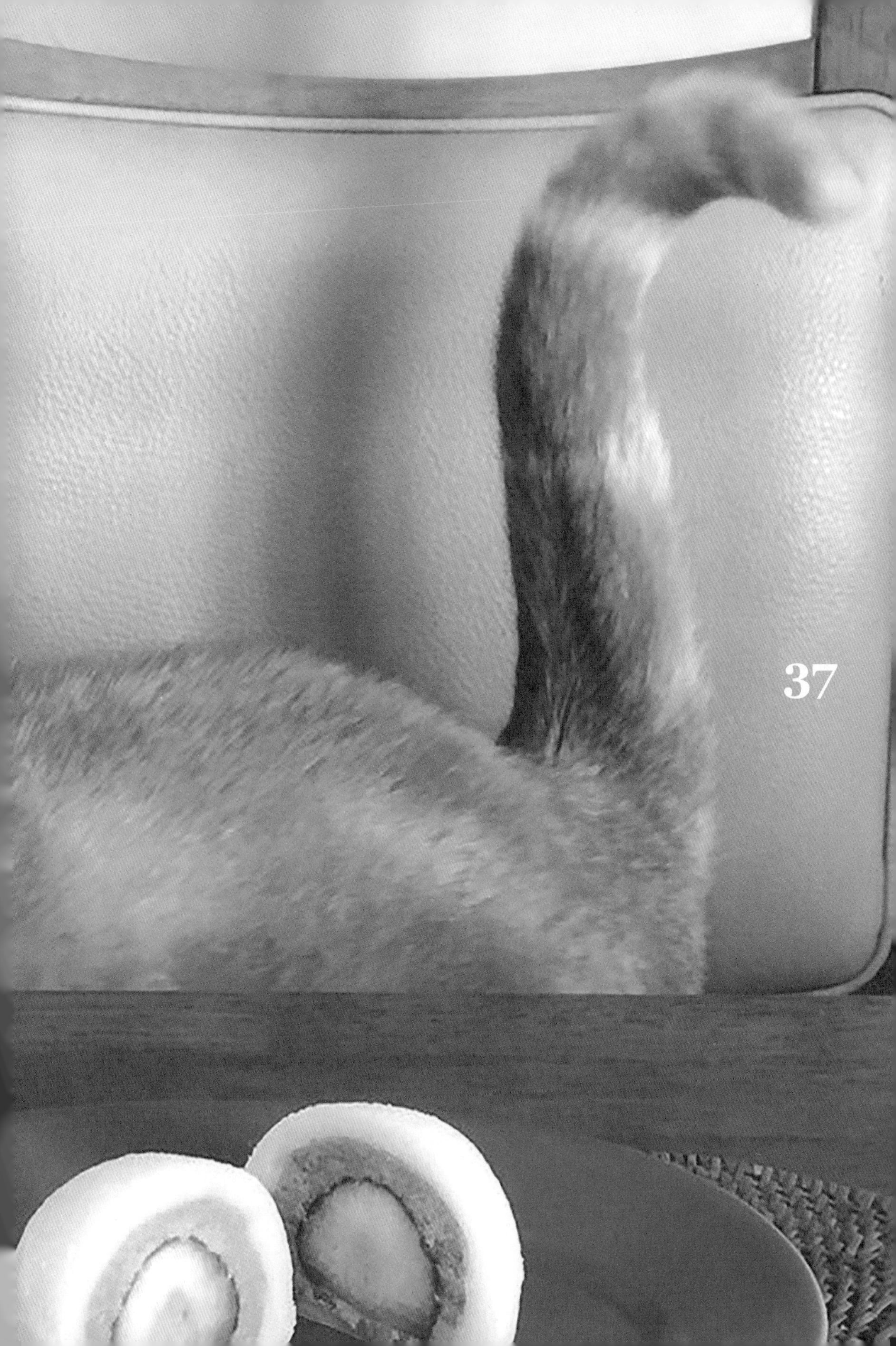

CAT

집사의 숟가락 얹기

수 년 전 어느 날, 제가 먹으려고 테이블 위에 올려둔 쇼트케이크(조각케이크)의 생크림을 차타로가 핥아먹는 모습을 봤어요. 어찌나 귀엽고 예쁘던지… 그때부터 스위츠(푸딩, 케이크, 과자 등 디저트)를 바라보는 차타로의 사진을 남기기 시작했답니다. 물론 먹지는 못하게 해요. 단 음식이 고양이에게는 좋지 않으니까요. 그때마다 많이 미안해요. 그래도 디저트 사진을 찍을 때면 언제나 조용히 테이블 앞으로 와서 앉는 녀석이랍니다. 그저 사진 촬영을 즐기는 것 같기도 해요.
우리 차타로가 한국 사람들에게도 귀여움을 받는다니 너무 기뻐요. 이처럼 한국과 일본, 두 나라가 고양이를 통해 더 가까워지길 바라는 마음입니다.

Mango Never Give up!

글·사진 임채헌 @bo_mang_co / 에디터 최진영

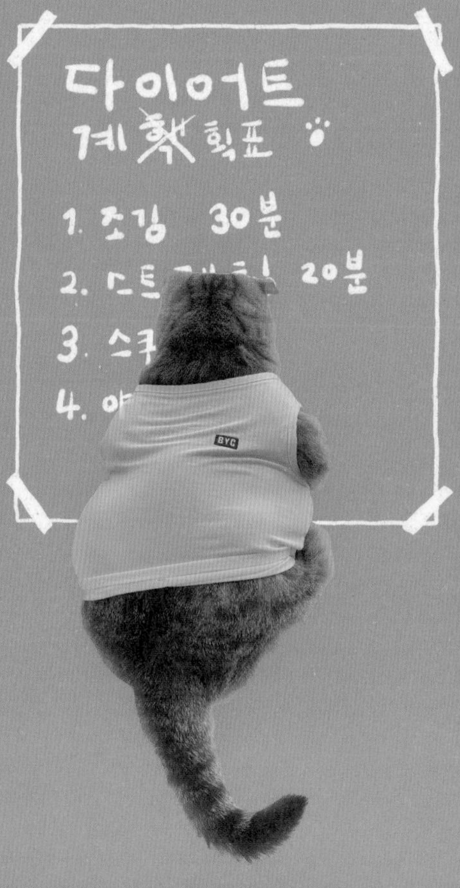

다이어트를 결심하다

중국에서 태어난 망고는 3살 무렵 나를 따라 한국으로 이사를 왔다. 중국에서 살던 동네는 제대로 된 동물 병원이나 전문 수의사가 없었기 때문에 망고는 한국으로 이사 온 후에야 중성화 수술을 받을 수 있게 되었다. 이사와 중성화 수술 둘 다 반드시 필요한 일이었지만, 커다란 두 변화가 망고에게 스트레스를 주진 않을까 걱정스러웠다.

내 안쓰러운 마음은 넘치게 정성스러운 식사로 이어졌고, 그 결과 망고의 체중은 눈치채지 못하게 서서히 늘어났다. 그러던 어느 날 문득 망고의 코골이 소리가 내 귓가를 울리기 시작했다. 혹시 건강에 이상이 생긴걸까? 사람도 살이 찌면 코골이가 심해지던데… 이제는 망고를 위해서라도 다이어트를 시작해야겠다고 결심했다.

대체 왜 살이 찐 건지 알 수 없어 원인부터 분석할 필요가 있었다. 체중 증가의 원인을 찾기 위해 주식 별 칼로리와 영양 성분에 대해 공부했다. 건강한 다이어트를 위해 동물 병원을 방문해 수의사분들과 상담하기도 했다. 끊임없는 공부와 전문가의 조언, 모든 준비는 끝났다! 7.6kg 망고, 날씬해질 일만 남았다.

다이어트의 8할은 식이 조절

많은 고민 후 내린 결론은 습식 사료였다. 건식 사료보다 칼로리가 낮고 권장 음수량을 쉽게 충족시킬 수 있으니 다이어트에 알맞겠다 생각이 들었다. 그런데, 한 가지 문제가 생겼다. 망고에게 식이 알레르기가 나타난 것이다. 다른 고양이들과 장난을 치다 다친 줄로만 알았던 눈가의 상처는 알레르기 반응이었다. 그렇다고 다이어트를 그만둘 수는 없는 노릇이었다. 굴하지 않고 여러 습식 사료를 테스트 한 후에야 고등어 성분의 습식 사료로 정착할수 있었다.

사료를 하루에 5번 나눠서 급여해 배고픔을 최대한 적게 느끼도록 노력하는 중이다. 무엇보다 망고의 컨디션이 최우선이기에, 수의사와 상담 내용을 토대로 급여량을 조절해 나가야했다. 다이어트 전에는 무뚝뚝하고 고독을 즐기던 망고가 시간을 정해 제한 급식을 하니 밥 먹기 2시간 전부터 애교도 부리고 사고도 치면서 관심을 달라 보챈다. 덕분에 예전보다 더욱 많은 시간 교감하는 건… 다이어트의 순기능일까?

지독한 정체기의 시작

다이어트의 정체기가 시작되었다. 정체기엔 역시 식단 조절. 식사량을 줄이기 전 망고의 컨디션과 스트레스 정도를 먼저 확인했다. 노력이 전해졌는지 망고의 상태는 양호했다. 그동안 유지했던 식사량에서 5g 정도를 줄여보았다.

장기간 다이어트를 진행 중인 망고에게 어쩌면 정체기는 필수. 지독한 정체기라도 망고의 컨디션이 가장 중요하기에 꾸준히 진행하는 것이 중요하다.

망고는 시간 개념이 철저하고 확실한 주기가 있다. 그렇기에 매일 비슷한 시간에 비슷한 식단을 꾸준히 주는 것이 스트레스를 줄일 수 있는 방법이라 생각한다. 이렇게 하다 보면 지겨운 정체기도 지나가겠지? 장 건강과 면역력에 좋은 유산균과 오메가-3가 포함된 보조제도 꼭 잊지 말고 챙겨줘야지. 지독한 정체기라도, 망고의 건강이 최우선이기 때문에 포기는 없다.

고지가 눈앞에!

2019년부터 지금까지 망고는 7.6kg에서 5.7kg까지 약 1.9kg 감량에 성공했다. 망고가 느끼는 변화는 잘 알 수 없지만 내가 느끼는 변화는 많다. 특히 지난 방사선 촬영 시에 줄어든 지방 두께가 어찌나 뿌듯하던지! 예전에는 놀이 시간에도 마냥 누워 있었지만 이제는 활발하게 뛰어다닌다. 망고도 제법 날렵해진 몸매가 마음에 드는걸까?

망고의 다이어트는 현재 진행형이다. 앞으로도 지금처럼 놀이와 식단을 병행해 지치지 않는 행복한 다이어트가 될 수 있도록 노력해야겠다. 목표인 5kg까지 이제 남은 체중은 0.7kg. 목표 도달을 위해 체중을 체크하며 급여량을 서서히 줄이는 중이다. 습식 3회에 간식 개념의 건사료 6g. 이전에 비해 무려 15g이나 줄인 식단이지만, 큰 탈 없이 잘 따라와 줘 고맙다.

이 글을 읽고 계실 독자분들께 하고 싶은 말이 있다. 여러분의 고양이가 다이어트가 필요하다 생각된다면 먼저 전문 수의사와 상담하는 걸 추천한다. 고양이에게도, 사람에게도, 모두를 위한 최선의 방법을 찾아야 하기 때문이다. 망고와 내가 적절한 다이어트 방법을 찾아 성공적인 다이어트를 했던 것처럼 고양이 특성마다 맞는 다이어트 방법이 다르니까.

마지막으로 고양이의 다이어트가 시작됨과 동시에 지갑도 다이어트를 시작한다는 것을 잊지 않도록 하자. 다이어트는 식단이 8할인지라 식단 유지비가 상상 이상이다. 나의 고양이의 건강이 달린 문제이니 아낄 수도 없는 노릇. 그러니 고양이가 통통해지기 전에 이 말을 가슴 깊이 새겨 두는 것을 권한다.
"고양이가 통통해지면, 지갑은 홀쭉해진다."

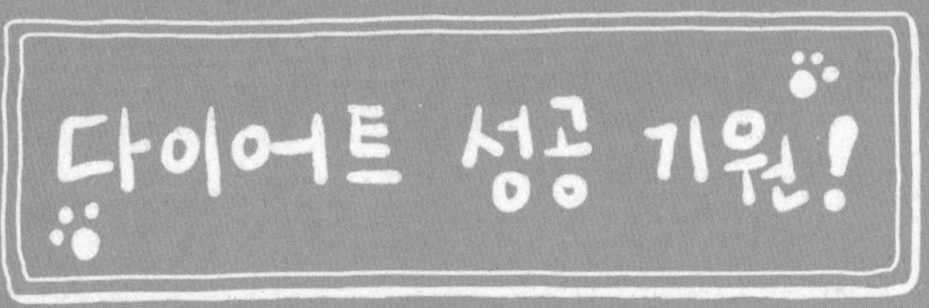

아직 발톱 숨길 줄 모름
목소리가 우렁차다

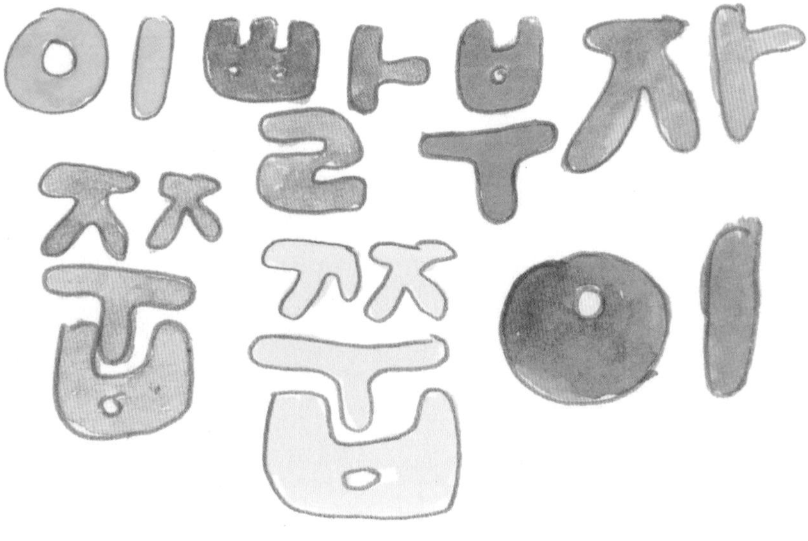

글·그림 배민경 brunch @bmk503 / **에디터** 박재림

별안간 시작 된 육묘일기

묘연의 날

엄마에게서 전화가 왔다. 평소 밥을 챙겨주는 길고양이가 새끼를 놓고 갔다는 것. 엄마 앞에, 그것도 길 한가운데, 조막만한 새끼를 두고는 무심히 사라졌다고 한다. 얕게 숨만 쉬고 있다는 새끼 고양이를 살리려면 우리가 거두어야 한다는 결론이 났다.
태어난 지 일주일 정도 됐을까. 눈도 못 뜬, 한 손에 들어오는 작은 솜뭉치를 담요 위에 눕혔다. 분유를 타서 입에 흘려주니 꿀떡꿀떡 삼킨다. 걱정이 많았는데 잘 먹는 걸 보니 안도감이 든다. 아기 고양이는 분유를 먹은 뒤에도 보드라운 담요를 빨았다. 마치 제 어미 젖 빨 듯. "계속 쫍쫍거리네. 얘 이름은 쫍쫍이로 할까…." 그렇게 우리는 가족이 되었다.

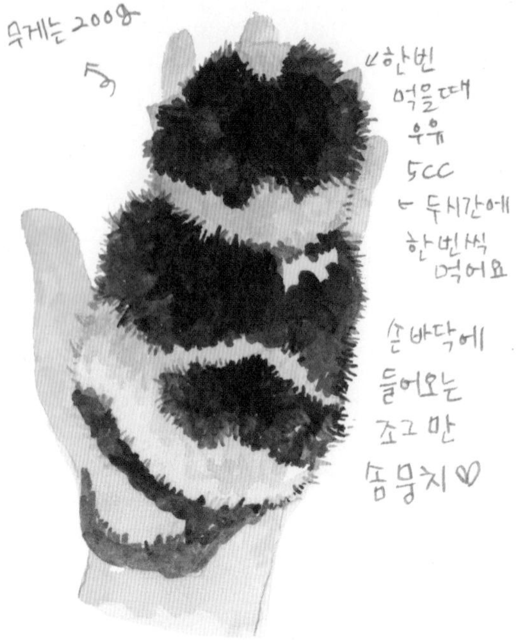

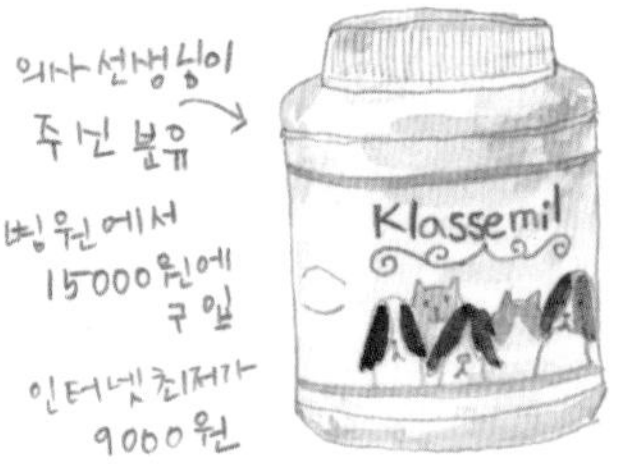

가슴으로 낳아, 지갑으로 키운다

처음에는 젖병을 어색해하던 쫍쫍이가 이젠 젖병 꼭지를 잘 빤다. 일취월장이다. 밥 먹기 전에 배변을 하면 공간이 더 생겨서 분유를 많이 먹는다고 한다. 그런데 아기 고양이는 혼자 배변을 하지 못한다. 보통은 제 어미가 똥꼬를 핥아주면 배변을 한다는데, 난 쫍쫍이가 아무리 귀여워도 똥꼬를 핥아줄 순 없다. 물티슈로 똥꼬 부분에 톡톡톡톡 자극을 주어 소변과 대변을 보게 했다.
고양이도 입맛이라는 게 있나 보다. 요 조그마한 것이 밥을 가린다. 병원에서 급하게 산, 그리 비싸지 않은 국산 브랜드의 분유는 한 번 먹을 때 5cc씩 찔끔찔끔 먹더니 인터넷으로 구매한 비싼 외국 브랜드 분유는 한 번에 15cc씩 먹는다. 육묘도 지갑으로 하는 거구나.

세상 기특해

아기 고양이는 3~4시간마다 밥을 주고 배변 유도를 해야 한다고 배웠는데 막상 실전에 돌입하니 시간 체크가 제대로 되지 않는다. 어쩔 땐 1~2시간 밖에 지나지 않았는데 밥 달라고 울어대니 외출 한 번 하기 어렵다. 밤에는 3~4시간 간격으로 삐약 삐약 운다. 낮보다는 밥 달라는 간격이 기니까 다행인 건가….

그래도 요즘에는 쭙쭙이가 밤에 푹 자고 아침에 일어나서 밥 달라고 운다. 내가 단잠을 잘 수 있게 해주는 우리 아이. 별것도 아닌데 얼마나 대견한지. 똥만 잘 싸도 예쁜데 이제는 잠도 잘 자니 이보다 기특할 수가 없다.

며칠째 뚱띠는 심술이 나 베란다에서
나오지 않고 있답니다. #그래봤자_니손해

뚱띠의 ~~단~~간식 투쟁

간식을 다시 먹기 시작한 착한(?) 뚱띠

뚱띠의 질투

사람은 동생이 생기면 사랑을 뺏길까 걱정하고 질투하게 되는데, 고양이도 마찬가지일까? '뚱띠'는 쫍쫍이가 오기 몇 년 전부터 함께 살고 있는 고양이다. 뚱띠는 쫍쫍이가 온 뒤로 베란다에 혼자 있을 때가 많다. 베란다 고양이 화장실 옆 의자에서 하루 종일 빵 굽고 앉아 있는다. 가끔 나와서 밥은 먹는데 몇 입 먹다 말고 다시 베란다로 돌아가곤 했다. 그 좋아하는 간식까지 거부해서 더 걱정이었는데… 며칠 전부터 간식을 다시 먹기 시작했다. 그동안 뚱띠의 마음이 조금씩 풀리고 있었나 보다. 쫍쫍이와 뚱띠가 얼른 더 친해지길.

식탐냥 쭙쭙이

쭙쭙이가 똥을 너무 안 싸서 며칠 전 병원을 다녀왔다. 의사 선생님께서 쭙쭙이는 우유가 아닌 사료를 먹어야 하는 시기라고 한다. 이가 제법 많이 나서 이젠 사료도 간식도 먹을 수 있다고 하셨다. 그래서 인터넷에서 어린 고양이(키튼)용 사료 중 가장 저렴한 걸로 구매를 했다.

그런데 쭙쭙이가 사료를 마다하는 것이 아닌가. 사람이 먹는 치킨, 뚱띠의 츄르에 기를 쓰고 달려드는 식탐대마왕 녀석이 말이다. 접시에 있는 사료는 입도 대지 않아서 손에 사료를 올려줬다. 그제야 한 두 알씩 씹는 듯 하더니 이내 먹는 둥 마는 둥… 맛있는 멸치를 섞어줘도 별 반응이 없다. 걱정이 이만저만이 아니라 병원에 달려가니 의사 선생님은 그냥 굶겨보라고 하셨다. 도저히 배를 곯게 할 수가 없어서 안타까운 마음에 우유를 먹이니 사료엔 관심조차 주지 않았다.

며칠 뒤 다시 쭙쭙이를 동물병원에 데리고 갔다(아주 단골 고객이 되었다). 의사 선생님이 이건 먹을 것이라며 비싼 고급 사료를 추천하셨다. 그리고 집에 돌아와 사료를 불려서 줬더니, 그야말로 게눈 감추듯 해치워버리는 우리 쭙쭙이…. 돌이켜보니 맛있는 건 기똥차게 아는 녀석이었다. 아무래도 그동안 사료를 먹지 않은 건 그게 맛없는 거라서 그랬나 보다. 이번 사료는 비싼 거라 맛있는 걸까? 그런데 의사선생님은 이게 맛있는 거란 걸 어떻게 아셨을까? 혹시 직접 드셔 보신걸까?

우리 사람들은 끼니마다 밥이며 반찬이며 바꿔 먹는데, 고양이도 맨날 사료만 먹으면 물리고 질리지 않을까? 야생에선 개구리도 먹고, 쥐도 먹고, 새도 먹을 텐데… 그런 생각이 들어서 뚱띠와 쫍쫍이에게 캔도 주고, 츄르도 주고, 닭가슴살도 주고, 사료도 여러가지를 번갈아 준다. 그럼에도 쫍쫍이의 식탐은 끝이 없다. 식탁에 고기 반찬, 해산물이 올라오면 그때마다 쫍쫍이는 선을 넘는다. 내가 잠시만 눈길을 돌리면 그 사이 앞발로 인간의 만찬을 휙 채 간다. 방심하면 안 된다. 치킨을 몰래 물고가기도 하고, 찐감자도 가져가서 맛있게 먹는다. 빵도 신나게 먹고, 심지어 흰쌀밥도 고개를 처박고 먹는다. 신기한 건, 이렇게 먹어대는데 살이 안 찐다는 거다.

뚱띠도 마찬가지. 여느 고양이처럼 츄르를 좋아하는데, 다 먹은 껍질을 자기 밥그릇에 보관한다(장난감도 담아두는 걸 보면 자신에게 소중한 것을 챙겨두는 듯). 그러다가 간식이 먹고 싶으면 츄르 껍질을 물고 온다. 또 뚱띠는 츄르 껍질처럼 생긴 튜브를 보면 자기 간식인 줄 알고 달려든다. 커피믹스 튜브를 어찌나 뜯어 놓는지… 오늘은 홍삼스틱에도 달려들었다. 찢어서 냄새를 맡게 하니 실망하며 뒷걸음질 친다. 쌤통이다.
뚱띠의 성묘용 사료를 쫍쫍이가, 쫍쫍이의 아기용 사료를 뚱띠가 먹는다. 그러고는 넓은 화장실은 쫍쫍이가 쓰고, 좁디좁은 화장실은 뚱띠가 쓴다. 대체 왜 이러는 걸까. 고양이는 정말 이해할 수 없다.

고양이와 살아보니

분명 고양이는 육식동물이라 배웠는데 직접 키워보니 이것저것 다 먹는다. 캣닙은 물론이고 감자, 수박, 참외도 먹는다. 문제는 내가 애지중지 키우는 화초까지 먹는다는 것. 고구마 싹과 사과나무 묘목 나뭇잎마저 쫍쫍이의 간식이 되었다. 덕분에 식물들은 격리조치. 혹시 내가 자기보다 식물을 더 예뻐한다고 생각해서 그러는 걸까?

물 맛 취향도 다 다르다. 부모님 댁 고양이들을 보면 흐르는 물을 좋아하는 무리가 있고, 떠다놓은 수돗물만 마시는 아이도 있다. 우리집 뚱띠는 정수기로 거른 물만 마시고 얼음 동동 띄워주면 더 좋아한다. 내가 냉장고에서 얼음을 꺼내면 자기도 달라고 애오애오 하면서 비빈다. 내가 먹는 물을 발로 콕 찍어 할짝할짝 먹는 건 예삿일이다. 덕분에 내 물컵은 언제나 뚜껑으로 덮여 있다. 똥 모래 덮던 발을 언제 적실지 모르기 때문이다. 또 이놈의 고양이들이 물감 푼 물도 좋아한다. 색깔도 뿌옇고 맛도 이상할 거 같은데. 깨끗한 물 계속 챙겨주는데 왜 그러는 걸까. 간이 딱 맞나?

숨은 쭙쭙이찾기

쭙쭙이는 빨래더미에서 노는 걸 좋아한다. 빨래를 하고 돌아서면 또 털투성이가 되어있다. 내가 추울까 배려심 깊은 고양이들이 털옷을 만들어 주는 것 같다. 덕분에 나는 여름에도 털 옷을 입고 다닌다. 고양이 키우는 사람은 고양이 키우는 사람을 알아본다. 나만 털투성이가 아니기 때문이다. 고양이 털은 떼어도 떼어도 또 나온다. 돌돌이가 필수품이 되었다.

빨래더미보다 더 좋아하는 곳은 이불이다. 평소 얇은 담요를 덮고 있는 걸 좋아하는 나라서 우리집 거실엔 항상 담요가 굴러다닌다. 그 안에서 뭔가 굼벵이처럼 울룩불룩 하는데, 쭙쭙이가 들어간 거다. 별 생각없이 걷다가 밟을 뻔한 게 한 두 번이 아니다. 저게 왜 재미난 걸까? 숨바꼭질 같은 건가. 담요를 쭙쭙 빨기도 한다. 극세사 잠옷, 보들거리는 담요 모두 다 쭙쭙이 차지가 되었다. 온 집안 모든 보들거리는 것에서는 고양이 침 냄새가 진동한다.

4년 만의 육묘일기

2019년 처음 만난 쭙쭙이와 1살이던 뚱띠는 어느덧 4살과 5살이 되었다. 너무 많이 먹였는지 쭙쭙이는 5kg, 뚱띠는 6kg에 달하는 뚱냥이로 컸다. 그 사이 뚱띠는 입맛이 바뀌었다. 이젠 사료와 닭가슴살만 먹는다. 쭙쭙이는 여전히 모든 간식을 좋아한다. 어제는 내가 먹던 오징어를 어느 틈엔가 물어가 씹고 있었다. 웬만하면 간식을 주지 말라는 수의사 선생님 말씀에 따라 간식을 최대한 자제하고 있다. 나랑 같이 건강하게 오래오래 살아야 하니까.

냥
숭바꼭질
이다냥♡

MEOW- FAIRY TALE

SWEET CRAYON

NYANG SONG I DELICIOUS WORLD

EDITED BY JOEUN PARK

냥송이가 선물하는 특별한 세계 속에는 유쾌한 고양이들이 등장한다. 촉촉한 오므라이스를 덮고 자는, 창밖 풍경을 바라보며 팝콘을 먹는, 거대한 생선을 타고 바닷속을 유영하는 꿈을 꾸는 고양이가 주인공이다. 자칭 타칭 '냥덕후'인 작가 냥송이. 그녀는 자신처럼 고양이를 사랑하는 사람들이 모두 공감할 수 있는 소재를 찾는 것이 중요하다고 말한다. 그래서인지 그림 속 고양이들은 푸근한 몸매에 친근한 외모를 가지고 있다. 성격 또한 엉뚱한 장난꾸러기들이다. 작가는 색연필로 그린 포근한 그림을 통해 말한다. 고양이는 존재만으로도 하얀 도화지 같은 마음을 파스텔 빛으로 가득 채운다고.

미야옹 베이커리

어릴 때 부모님께 선물할 케이크를 만들다가 엉망진창으로 끝난 기억이 있다. 이후 베이킹에 대한 관심은 잠시 접어 뒀다. 정말 몰랐다. 10년 뒤에 코로나로 집 안에서 할 일 없는 어른이 되어 다시 베이킹의 세계로 돌아오게 될 줄은. 한동안 집 안에는 은은한 버터 향이 가득했다. 그래서 이제는 베이킹에 성공했냐고 하면… 그건 아니다. 뚝딱하고 만들면 짠하고 나올 줄만 알았지. 안타깝게도 인생에 매뉴얼대로 진행되는 일은 거의 없다. 그래도 이전의 실수를 만회하기 위해 다시 구운 빵은 언제나 맛이 더 좋았다. 그러니 오늘도 즐겁게 우당탕탕 베이킹 타임.

고양이 모녀가 케이크 진열장 앞에 서서 눈을 반짝이는 것이 예사롭지 않다. 역시 크리스마스에는 케이크지. 초코? 생크림? 먹고 싶은 케이크를 손가락으로 가리키며 조르는 간절한 뒤통수가 유독 귀여워 보이는 크리스마스 이브. 이 시즌은 참 묘하다. 평소에 별생각 없던 케이크를 꼭 사 들고 집에 가고 싶다. 이 작은 케이크 하나가 오늘 저녁을 달달하고 특별하게 만들어 줄 것만 같아서.

Lemonade
Lemon
When life gives
you lemons,
make
Lamonade.

묘생은 레모네이드

땀이 뻘뻘 나는 여름, 유혹하듯 길 위에 서 있는 가판대. 그 위에 놓인 레몬을 보니 군침이 확 돈다. 참새가 방앗간을 지나치지 못하듯 뜨거운 땡볕 아래 시원한 음료는 그냥 지나칠 수 없지. 레몬은 적당히, 시럽은 듬뿍 넣어서 한 잔 주세요. 무더위 끝에 찾아오는 시큼하고 달콤한 맛, 그리고 혀를 톡 쏘는 탄산의 하모니는 더위를 잊기에 충분하다. 이 맛을 위한 빌드업이라면 어느 정도의 괴로움은 이겨낼 수 있을 것 같다. 문득 어떤 문장이 떠오른다. '삶이 너에게 레몬을 준다면, 그것으로 레모네이드를 만들어라.'

크림 오아시스

이곳은 열기와 습기가 공존하는 한 여름의 대한민국. 찌는 듯한 더위에 우리집 고양이도 바닥에 늘어 붙었다. 더 녹아 버리기 전에 살려주세요. 달콤한 아이스크림 하나면 충분해요. 그동안 한없이 뜨겁게 달리기만 해온 나. 하지만 인생은 아이스크림과 같으니 녹기 전에 즐겨야 한다. 마음이 더 녹아 없어지기 전에 내가 진짜 원하는 건 무엇인지, 나에게 달콤함이란 어떤 의미인지 찾아내야지.

picnic

소풍 가는 날

소풍 가기 전날 밤은 항상 들뜬 마음에 잠을 설치곤 한다. 겨우 잠들고 나서도 소풍 가는 꿈을 꾼다. 꿈속에서 신나게 놀다가 점심시간이 되자 친구와 함께 거대한 김밥을 날랐다. 김밥을 들고 여기저기 폴짝폴짝 뛰어다니던 장면이 아직도 생생하다.

아침이 오면 엄마는 일찍부터 김밥을 만드시고, 집 안에는 고소한 냄새가 퍼지기 시작한다. 오이와 당근, 노릇하게 구운 계란 지단을 길쭉하게 썰어 두고, 우엉에 간장 양념이 잘 배도록 한 번 볶아준다. 그리고는 네모난 김 위에 깨소금을 뿌린 고소한 밥을 평평하게 펼쳐 올린다. 이제 하나 둘 차례대로 재료들이 올라간다. 그 다음 둥글게 둥글게 야무지게 말아준다. 마지막으로 참기름을 슥 발라주면 끝.

고소한 김밥 냄새에 콧노래 한 번, 맛있게 먹을 상상에 콧노래 두 번. 오늘을 위해 사 놓은 음료수와 과일도 잊지 말고 챙기자. 참기름과 깨소금의 황홀한 냄새에 마음은 벌써부터 소풍을 떠났다. 예쁜 김밥은 도시락에 넣고 못난 김밥은 내 입으로 쏙 넣는다. 딸의 하루가 행복하길 바라는 엄마의 마음이 담겨있어 더욱 맛있다. 가끔씩 '매일을 소풍처럼 살아간다면 얼마나 좋을까' 하는 생각을 한다. 소풍날처럼 정성스럽게 싸온 음식을 함께 나누는 넉넉한 마음으로 살 수 있다면, 특별하지 않은 일상도 조금 더 설레지 않을까 하고 말이다.

MEOW- FAIRY TALE

SWEET CRAYON

NYANG SONG I DELICIOUS WORLD

콩백설기

인절미

시루떡

밤 찰떡

보기 좋은 떡이 먹기도 좋다

어린 시절의 나는 떡을 그다지 좋아하지 않았다. 인스턴트 음식에 익숙한 세대인지라 유명 브랜드 과자의 맛에만 길들어 있었다. 그러던 어느 날, TV에서 새해 특집으로 쌀을 시루에 쪄서 떡메로 친 후에 흰떡을 만드는 과정을 보여주는 방송을 했다. 쿵덕쿵덕 절구통 안의 떡이 찧어질 때마다 하얀 김이 피어오른다. 맛있게 만들어질 떡을 상상하며 어깨가 들썩, 바쁜 손은 더욱 빨라진다. 포슬포슬 하얀 백설기, 쫀득한 찰떡과 달짝지근한 밤이 조화로운 밤 찰떡, 콩고물이 유혹하는 인절미, 고소함이 온 입 안에 감기는 시루떡. 과연 어떤 떡이 만들어질까? 결국 하얗고 매끈한 떡가래가 김을 내뿜으며 만들어졌다. 보는 것만으로도 군침이 돌았다. 그때부터 떡의 참맛을 알았던 것 같다. 씹으면 씹을수록 우러나는 그 단맛. 쫀득하게 이에 달라붙는 그 식감. 그리고 향토적인 그 정취까지. 이 훌륭한 맛을 그때는 왜 몰랐을까.

겨울의 맛

겨울 난로 위에 고구마를 얹어 두면 집안에 퍼지는 훈훈한 공기 사이로 달달한 냄새가 난다. 후끈한 난로 곁에 앉아 곧 익을 고구마를 생각하니 벌써부터 기분이 좋아진다. 하지만 겨울과 난로의 참 궁합은 고구마뿐이 아니다. 바삭한 껍질 속에 달달한 팥 앙금을 머금은 붕어빵, 슈퍼 앞을 서성거리게 만드는 호빵, 부드러운 속살과 국물 맛에 반하는 어묵까지. 추운 겨울을 따뜻하게 만드는 네 가지 맛이다.

찬 바람이 부는 추운 겨울, 집 앞 슈퍼에는 호빵 찌는 기계가 나왔다. 골목길 노점상에서는 군고구마와 붕어빵 파는 할아버지가 나오셨다. 단골 분식점의 창문은 뜨거운 어묵 국물의 열기로 하얗게 김이 서렸다. 그리운 이 풍경 속에 들어와 본 적 있는 사람은 알 것이다. 고소한 겨울 간식 냄새를 맡은 이상 절대 그냥 지나칠 수는 없다는 것을. 겨울 간식들의 냄새가 찬 공기를 타고 거리에 퍼지기 시작하면 겨울의 시작이 실감난다. 돈이 없던 학생 시절에도 꼭 주머니 속에 천원 몇 장은 있었는데 이 냄새를 맡은 날은 주머니 속 돈을 탕진하는 날이었다. 하굣길 친구들과 함께 먹었던 촉촉한 어묵. 단골 분식점 이모는 종이컵 한 가득 따뜻한 국물을 담아주었다. 고픈 배를 달래며 먹었던 달콤한 호빵 하나. 퇴근길 가족과 함께 먹기 위해서 두 봉지씩 사 갔던 붕어빵. 이런 따뜻한 추억은 누구나 하나쯤 있다. 겨울을 떠올려도 춥지가 않은 건 그 따끈하고 속 든든했던 추억 덕분일지도 모른다.

반려묘 ‘냥이’와 ‘송이’의 이름을 딴 필명으로 활동하고 있는 작가 냥송이. 음식과 뚱냥이의 조합은 집사인 작가의 취향이다. 고양이를 향한 애정을 꾹꾹 눌러 담은 그녀의 그림은 보기만 해도 배가 부르다. 존재감이 분명한 작가를 꿈꾸는 냥송이. 어쩌면 그녀의 꿈은 이미 이뤄진 게 아닐지.

Another world made by milk

우리는 우유를 먹고 자라났다. 태어난 지 얼마 되지 않은 아이는 모유와 분유 속 영양분을 흡수하며 세상과 대면하고, 성장기 어린이는 우유를 마시며 한 뼘 한 뼘 자라나 세상의 일부가 된다. 청소년의 넘치는 에너지는 부드러운 우유의 포용으로 잠시의 평화를 이룩하기도 한다. 이렇듯 우유는 인간을 성장시킨다. 여기, 우유가 키운 또 다른 세계가 있다. 우유 속 단백질보다 더욱 든든한 유대에 관한 이야기다.

에디터 최진영 / **그림** 권부연

Milk Ho! Milk Ho!
Where We Go There's Plenty To Drink!
We're Lucky, We Think!

우유 최고! 우유 최고!
우리가 가는 곳 어디에도 우유가 잔뜩 있어!
우리가 생각해도, 우린 운이 너무 좋아!

루이스 웨인의 엽서 속 고양이들은 우유를 마시며 "최고"라고 외친다. 영국의 국민 화가이자 '고양이 화가'라 불리는 루이스 웨인(1860-1939). 그의 엽서 속 아기 고양이들은 우유를 마시느라 정신이 없다. 장난기 가득한 눈빛과 입맛을 다시는 입가는 생기가 가득하다. 그의 다른 작품 속 고양이들은 즐거운 티타임 중이다. 우유를 잔뜩 넣은 고소한 밀크티는 고양이들에게도 놓칠 수 없는 오후의 여유다. 보기만 해도 미소가 절로 지어지는 우유 마시는 고양이들, 언제부터 우리의 곁에서 즐거움을 선사한 걸까.

루이스 웨인은 동시대를 살았던 윌리엄 스테이블스의 영향을 받았을 지도 모른다. 윌리엄 스테이블스는 19세기 중반 활동한 의사이자 작가다. 그는 유명한 고양이 애호가로 많은 저서를 통해 고양이에 대한 인식을 바꿔 나가려 노력했다. 윌리엄은 "고양이는 매일 먹이를 먹어야 합니다. 가능하면 하루에 두 번 먹이를 줘야 해요. 빵, 우유 또는 감자를 우유에 으깨 급여해주세요"라고 주장했다. 그의 노력 덕분에 그저 해충이나 잡아먹던 고양이들은 그나마 괜찮은 식사를 할 수 있게 되었다.

윌리엄의 하얀 마음은 시간과 공간을 뛰어 넘어 계속 이어졌다. 많은 고양이들이 다양한 모습으로 우리의 마음을 흔들었지만 제일 기억에 남는 모습은 그릇에 담긴 우유를 홀짝거리며 마시는 장면들이다.

디즈니 애니메이션 <아리스토 캣(Aristocats)>의 마리는 새초롬한 생김새의 아기 고양이다. 20세기 파리 귀부인의 반려묘 마리는 집사가 대령하는 흰 우유를 저의 가족들과 맛있게 나눠 먹는다. 그 모습을 보고 있으면 고소하고 담백한 우유가 간절해진다. 마리에게 우유는 모험을 가능케 한 원동력이다.

그 이후에는 지브리 애니메이션 <마녀 배달부 키키>의 까만 고양이 지지가 있다. 지지는 주인공 소녀 키키의 곁을 지키며 모든 순간을 함께하는 동료이다. 키키 또한 그런 지지를 잊지 않고 챙긴다. 빈곤한 상황 속에서도 지지가 먹을 우유를 잊지 않고, 지지도 아픈 키키의 곁을 지키며 밀크 수프를 함께 먹는다. 욱신거리는 성장의 과정 속에서 둘은 우유를 나눠 마시며 훌쩍 자랐다.

이처럼 우유는 오랜 기간 사람과 고양이의 징검다리가 되어 우리의 관계를 튼튼하게 만들었다. 하지만 우유를 먹이는 것은 사실 큰 도움이 되지 않는다. 특히, 생후 4주 이후의 고양이는 젖당 분해 효소가 생기지 않기 때문에 배탈이 날 수도 있어 주의가 필요하다. 우유를 급여하고 싶은 반려인들은 전용 펫 밀크나 우유 성분이 들어간 간식을 급여해야 한다.

이렇다 할 음식이 없던 시절부터 사람들은 자신의 우유를 내어 주며 고양이를 위했다. 납작한 그릇에 코를 박고 맛있게 우유를 들이켜는 모습을 보면 가슴속 깊은 곳에서부터 마음이 울렁거렸을 것이다. 그 평범한 일상은 한순간 커다란 의미가 된다. 우유를 마시는 고양이를 보며 넘치는 책임감과 애정을 느끼는 그 순간, 우유는 단순한 식사 이상의 의미를 갖게 되었다. "우유 안 마시면 키 안 큰다!"라는 애정 어린 엄마의 잔소리처럼, 우유 한 그릇에는 무엇이라도 해주고 싶은 마음이 가득 담긴 게 아닐까.

Meine liebe Katze

식빵 고양이의 비밀

The Secret Of The Bread Cat

식빵과 고양이는 닮은 점이 많다. 우선 따끈하고, 보드랍다. 고개를 숙여 깊숙이 숨을 들이쉬면 고소한 향으로 우리의 심신을 안정시킨다. 봉긋한 언덕은 손가락으로 콕 눌러보고 싶은 충동을 멈출 수 없게 만든다. 또, 잠깐의 상상만으로도 포근하고 든든해지기도 한다. 그림책 <식빵 공장 고양이의 비밀> 속 고양이들 또한 그렇다. 말랑한 반죽은 제빵사 고양이의 발바닥을 닮았고, 갓 구운 식빵은 오후의 여유로운 휴식 시간을 닮았다. 오늘도 식빵 공장 고양이들은 저와 닮은 식빵을 굽는다. 모두의 평화로운 일상을 위해, 함께해서 더욱 행복한 한끼를 위해.

글·그림 최봉수 @bongsu_comics / **자료제공** 출판사 <비채> / **에디터** 최진영

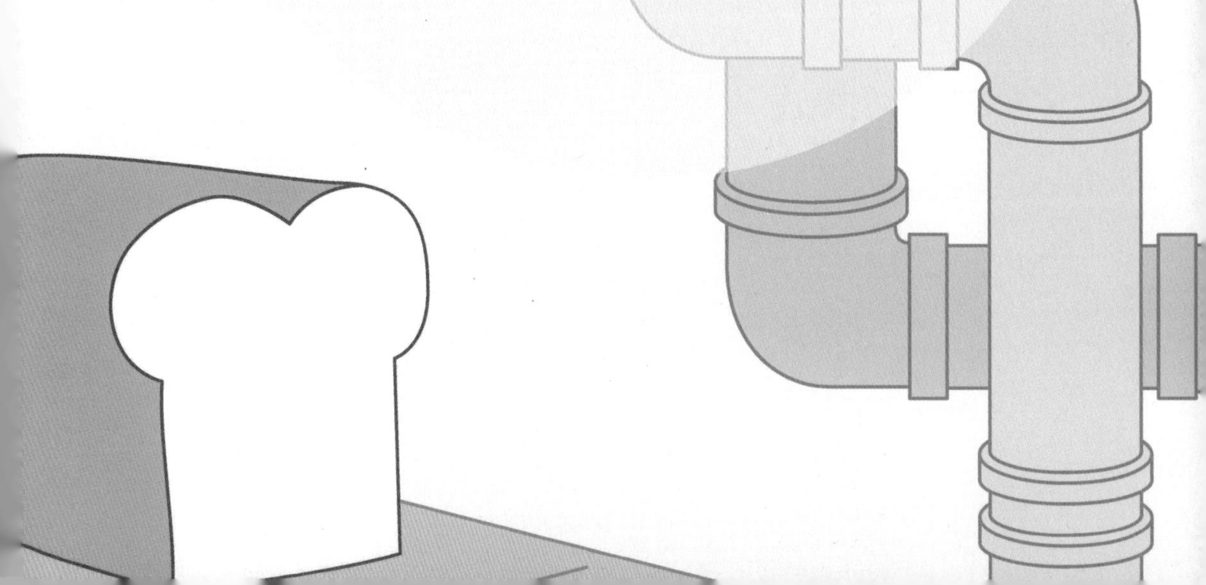

"고양이들은 식빵 버스를 타고
식빵 공장으로 향합니다."

고양이는 게으름뱅이.
우리가 알고 있는 고양이는 그렇지만, 식빵 공장 고양이는 다르다.
해도 뜨지 않은 이른 새벽부터 출근 준비가 한창이다.
식빵으로 만든 든든한 아침 식사와 청결을 위한 꼼꼼한 그루밍은 필수.
모든 준비가 끝나면 식빵 버스를 타고 늦지 않게 식빵 공장으로 향한다.
지금부터 고양이가 게으르다는 편견은 잊으시길.

"옛날에는 제빵사 고양이들이 앞발로 반죽을 일일이 치댔답니다.
이것을 '꾹꾹이 반죽'이라고 불렀죠."

음식은 손맛이라 했던가.
이것은 꾹꾹이 반죽에서 비롯된 이야기일지도 모르겠다.
꾹 꾹 눌리는 밀가루 반죽은 고양이 제빵사의 발바닥처럼 말랑하다.
이제는 기계의 도입으로 보기 힘든 장면이지만,
흰 양말을 챙겨 신은 고양이 제빵사들의 꾹꾹이 반죽은
상상만 해도 미소가 절로 지어진다.

"발효에는 시간이 걸립니다.
따뜻한 오븐 곁에서 고양이들은 낮잠을 잡니다.
식빵이 다 구워질 때까지는 휴식시간입니다."

반죽이 끝났다면 발효가 완성될 때까지는 자유 시간이다.
새벽부터 분주히 움직인 고양이들은 따뜻한 오븐 옆에서 낮잠을 자기도 하고,
햇빛 듬뿍 받으며 산책을 하기도 한다.
서로의 점심 도시락을 구경하는 건 빼놓을 수 없는 재미.
짧은 휴식으로 다가올 오후를 준비한다.

"어떤 식빵은 고양이가 됩니다.
정확히 밝혀진 바는 없지만 특정한 배합과 온도에 따라
'식빵 고양이'가 만들어지기도 합니다.
고양이 학자들의 분석에 따르면 식빵과 아기 고양이는
모두 따끈따끈하고 말랑말랑하다는 공통점이 있어서
이런 현상이 생긴다는군요."

따끈하게 식빵이 구워졌다.
식빵을 포장할 때는 주의해야 할 것이 하나 있다.
특정한 조합에 따라 '식빵 고양이'가 만들어지기도 하기에,
컨베이어 벨트 위 아기 고양이들을 잘 찾아내어 분류해야 한다.
발랄한 아기 고양이에게 좁은 빵 봉지는 갑갑할 테니
가장 중요한 업무라 할 수 있겠다.

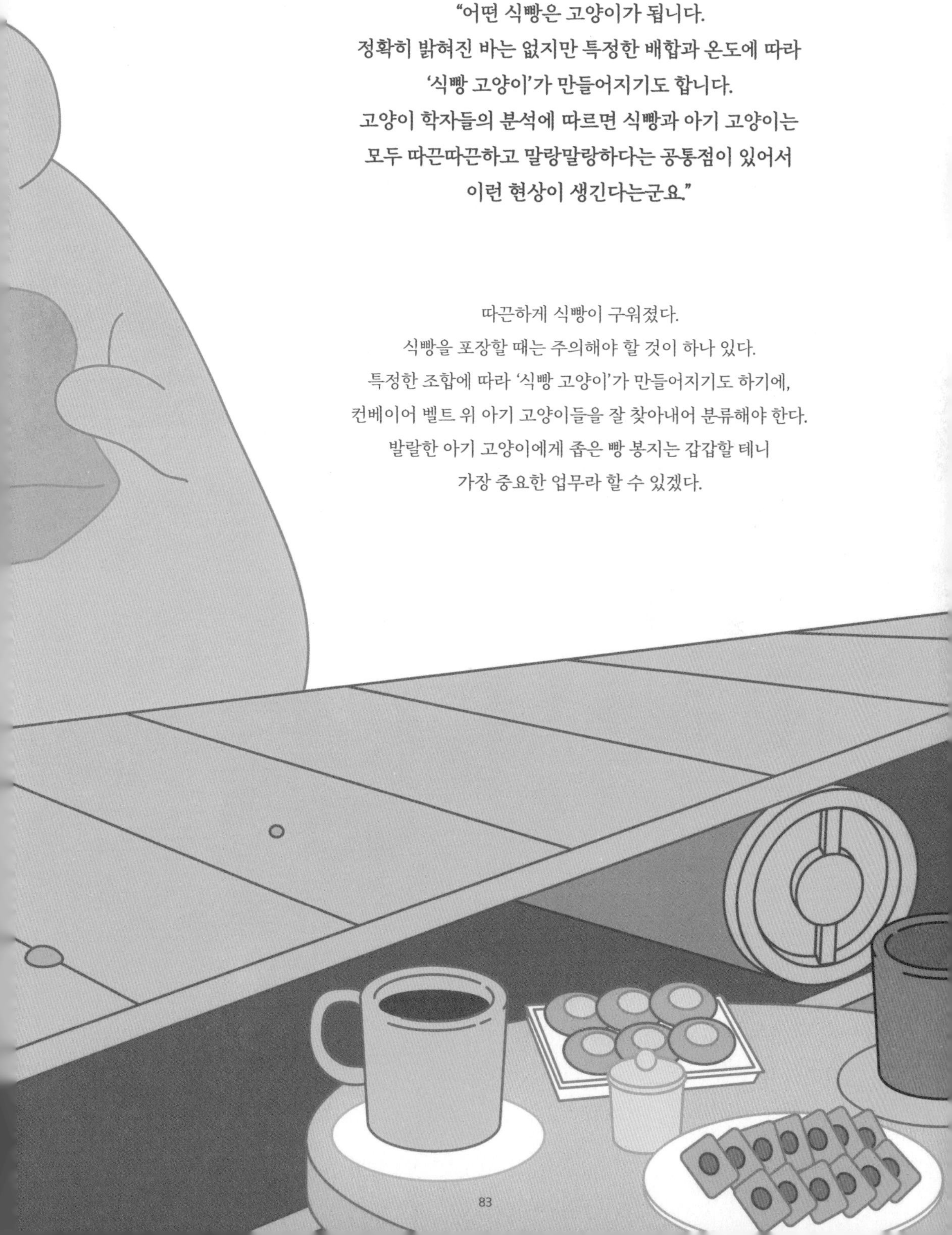

"행복한 퇴근길입니다.
갓 구운 식빵 한 덩이, 그리고
아기 식빵 고양이까지 함께이니까요."

누구나 기다려지는 퇴근길. 고양이도 예외는 아니다.
식빵 한 봉지와 아기 고양이가 함께하는 퇴근길은 늘 행복이 넘친다.
내일은 주말이니 아기 고양이와 산책을 나가야겠다 다짐한다.

주말 오후 아기 고양이들이 여유로운 한때를 보내는 골목은
빵 굽는 냄새로 가득하다.
고양이들은 갓 나온 식빵보다 더욱 탐스러운 모습으로
오후를 즐기는 중이다.

고양이와의 짧은 눈 인사로도,
잼 바른 말랑한 식빵 한 조각으로도, 우리는 쉽게 행복해진다.
고양이와 식빵은 행복이란 공통점으로 맞닿아 있다.

저기 햇살 듬뿍 받으며 낮잠 자는 고양이도 식빵 공장 고양이 일지도 모르겠다.
집사의 뱃살에 꾹꾹이 반죽을 하고
늦은 오후의 노란 햇살로 노릇하게 구워 낸 식빵 고양이.
식빵을 닮은 고양이들은 오늘도 행복을 소담스레 굽는 중이다.

DANCING WITH CAT GRASS

고양이 풀 식물도감

소녀는 트럭에 치일 뻔한 고양이를 구했다. 그날 밤 수십 마리 고양이가 집으로 찾아왔다. 그 중 한 녀석이 사람의 언어로 전한다. 내일부터 행복한 일이 가득 생길 거라고. 이튿날 아침, 간밤의 일은 꿈이었나 갸웃하던 소녀는 창 밖을 보고 동그란 눈으로 소리친다. "에엣, 고양이풀?!"

에디터 박재림 / 그림 최형윤, 권부연

SETARIA VIRIDIS

강아지풀

일본 애니메이션 영화 <고양이의 보은> 주인공 '하루'는 마당을 가득 채운 식물을 보고 깜짝 놀란다. 그 모습을 보는 나 역시 순간적으로 뇌 정지(?)가 온다. 고양이풀이라니? 저건 분명 '강아지풀'인데… 고개를 숙인 노란 이삭이 강아지의 꼬리를 닮은, 가을바람에 춤추듯 살랑이는 바로 그 식물 말이다.

새삼 느낀다. 역시 가까우면서도 먼 나라. 같은 식물을 보고도 한국에선 강아지풀이라 부르고, 일본은 고양이풀(猫じゃらし)이라 칭한다는 것이다. 풀의 줄기를 잡고 흔들면 이삭이 움직이는 대로 고양이가 해맑게 반응하는 모습에서 유래한 이름이란다. 영화 속 고양이왕국의 들판에도 이 풀이 곳곳에서 하늘거린다.

강아지풀이자 고양이풀인 이것은 일본에서 대표적인 '캣그라스(Cat grass)'로 꼽히는 식물이기도 하다. 그게 뭐냐고 묻는 비반려인에게 "고양이가 먹는 풀"이라고 대답하면 깜짝 놀랄지 모르겠다. 고양이는 육식동물이니까. 그렇지만 대부분 반려인이 알고 있듯 고양이는 이따금 풀도 먹는다. 다소 어색한 광경에 사각사각 씹어 먹는 소리가 더해져 상당히 기묘한 느낌을 전한다.

강아지풀 외에도 고양이가 좋아하는 풀은 보리싹, 귀리싹, 밀싹, 호밀풀, 레몬그라스, 파슬리 등이 있다. 비타민과 섬유질 등 고기에서 얻기 힘든 영양소를 함유한 식물들로, 변비 예방, 노화 방지, 면역력 증가 등 효과를 볼 수 있다. 물론 고양이의 위장 소화 기관은 채소류를 소화시키기 어렵기 때문에 많이 먹으면 좋지 않다. 파, 부추 등 고양이에게 위험한 풀도 있어 조심해야 한다.

Setaria viridis has soft hairs on the leaves
and a nodding inflorescence.

Setaria viridis
Poaceae

Green bristlegrass
; Green foxtail

OXALIS CORNICULATA

괭이밥

괭이밥은 상대적으로 덜 알려진 캣그라스인데 스토리가 남다르다. 이름부터 괭이(고양이)가 먹는 밥(풀)인 괭이밥은 도시의 길가에서도 쉽게 볼 수 있는 들풀이다. 입 모양만 다를 뿐 클로버와 매우 비슷하게 생겼다. 클로버는 잎이 둥글고 괭이밥은 잎이 하트 모양이다. 그래서 고양이가 괭이밥을 먹는 모습을 보면 마치 입에 하트를 물고 있는 것 같다.

괭이밥은 예로부터 고양이가 먹는 풀로 유명했다. 1600년대 초반 간행된 허준의 <동의보감>에서도 '괴승아'란 이름으로 소개되었는데, 조선 후기 실학자 유희가 저서(물명고)로 이를 설명하며 괴승아의 '괴'는 고양이를 의미한다고 했다. 그러니까 동의보감이 쓰인 시기부터 최소 400년 이상을 '고양이풀'로 불려온 셈이다.

최진규 한국토종약초연구학회장이 블로그에 남긴 일화도 인상적이다. 1960년대 전국적으로 쥐잡기 운동이 벌어졌다. 쥐약 먹고 죽은 쥐를 고양이가 먹고 사경을 헤매다 괭이밥을 뜯어먹더니 건강을 되찾더란다. 고진하 목사도 비슷한 얘기를 한겨레 신문에 썼다. 실제로 괭이밥에는 해독 및 소화에 특효인 성분이 있어 고양이는 물론 사람에게도 좋은 약초라 전해진다.

집에서 괭이밥을 직접 키우는 고양이 집사도 있다. 까만색 털이 인상적인 '만쥬'의 집사는 "베란다에 작은 화단이 있는데, 클로버와 비슷하게 생긴 잡초가 자라고 있었다. 며칠 뒤 풀잎이 뜯겨 있어서 의아했는데 알고 보니 만쥬가 먹은 거였다. 신기해서 찾아봤더니 괭이밥이라는 식물이고, 그때부터 4년 넘게 키우며 급여하고 있다"고 말했다.

A slimy substance collects in the mouth when the leaves are chewed, this is used by magicians to protect the mouth when they eat grass.

Oxalis Corniculata
Oxalidaceae

Creeping woodsorrel
; Sleeping beauty

NEPETA CATARIA

개박하 - 캣닙

지금까지 고양이의 몸을 돌보는 풀이었다면, 이제부터는 고양이의 정신 건강을 책임지는 풀이다. 가장 유명한 것이 개박하, 흔히 캣닙(Catnip)이라 부르는 식물이다. 고양이(Cat)가 깨무는(Nip) 모습에서 유래한 명칭이란 설이 있는 풀로, 고양이에게 행복감을 주는 성분이 있어 접촉하면 기분을 좋게 만든다.

반려묘 '설기'와 '시루'의 집사는 2019년 봄부터 직접 캣닙을 재배하고 있다. 그는 "허브라서 노지에서도 잘 자라고 병충해도 없다"며 "캣닙이 25~30cm 크면 먼저 윗부분 생장점에서 15cm 자르고 곁가지의 윗줄기를 잘라, 통풍 잘 되는 베란다 창가에서 일주일 정도 말려서 쓴다"고 노하우를 전했다. 인근 집사들에게 나눔 하고, 동네 길고양이들에게도 한 줌씩 선물한다고.

캣닙은 너무 자주 사용하면 고양이가 익숙해져서 싫증을 낼 수 있다. 고양이처럼 '밀당'을 잘 해야 하는 법. 또 유전적 이유로 처음부터 캣닙에 반응하지 않는 고양이도 있다. 반려묘 '로이'와 함께하는 집사는 "귀리싹과 보리싹은 잘 먹더니 캣닙에는 별 관심이 없었다. 보통은 캣닙싹이 자라기 무섭게 뜯는다는데… 어쩌다 캣닙꽃까지 봤다"며 허탈하게(?) 웃었다.

종종 캣닙과 깻잎을 헷갈리는 사람이 있다. 명칭이 비슷할 뿐 아니라 잎 모양도 비슷하기 때문이다. 고양이도 관심을 보이는 경우가 있다고 한다. 그러나 캣닙과 달리, 깻잎은 특유의 향을 내는 성분이 장기적으로는 고양이 건강에 좋지 않은 영향을 끼칠 수 있어 조심해야 한다.

Nepeta has slightly aromatic gray-green foliage
with a delicate, lacy appearance.

Nepeta cataria
Lamiaceae

Catmint
; Catnip

ACTINIDIA POLYGAMA

개다래나무 - 마따따비

일본어로 '마따따비'인 개다래나무도 고양이를 행복하게 만든다. <고양이의 보은>에서 등교하는 주인공을 온 동네 길고양이가 따라붙게 한 게 마따따비 가지였다. 고양이가 개다래나무를 입에 문 채로 뒹굴거리고 흔들거리는 모습은 마치 기분 좋게 술에 취한 사람을 보는 듯 하다. 살랑살랑 춤을 추는 것 같기도 하다. 실제 일본에선 '마따따비 댄스'라는 표현이 유행 중이라고 한다.

마따따비도, 캣닙도 흔히 '고양이 마약'이라 불리곤 하는데, 그 표현과 달리 중독성과 의존성은 없다고 알려졌다. 몸을 해치지 않으면서도 맘껏 행복할 수 있는 묘약이라니. "맥주는 신이 인간을 사랑한다는 증거"라고 말한 벤자민 프랭클린이 멋쩍게 머리를 긁을 것 같다. 물론 캣닙처럼 남용(?)하면 효과가 오래 가지 못한다.

육식동물인 고양이지만 몸과 정신의 건강을 위해서 소량의 풀은 꼭 필요하다. 특히 실내에서 살아가는 집고양이는 야생의 고양이와 비교해 식물을 접할 기회가 적은데다 사냥 등 본능 해소가 어려워 지루함을 느끼기 쉽다. 그렇기에 앞서 소개한 이들처럼 직접 캣그라스를 키우는 집사가 늘어나는 추세다.

마따따비의 꽃말은 '꿈꾸는 심정'이다. 개다래나무 가지를 물고 꿈에 취한 듯한 표정으로 뒹굴거리는 고양이를 보고 있으면 그보다 더 어울리는 꽃말은 없겠다는 생각이 든다. 반려묘에게 소소한 행복을 선물해 뿌듯한 집사의 마음 역시 꿈꾸는 심정이다. 고양이 덕분에 환상의 세계를 경험한 <고양이의 보은> 주인공처럼.

Actinidia polygama has long been known to elicit euphoric response in cats.

Actinidia polygama
Actinidiaceae

Matatabi
; Silver vine

WE ARE THE GUARDIANS OF FISH SHOP

고양이네 생선가게

'두 번 다시 생선가게 털지 않아.' 서울 서대문구에 위치한 독립문영천시장. 생선가게를 철통 같이 지키는 고양이들이 있다는 소문의 발원지를 향하는 길이다. 록밴드 '체리필터'의 유명곡 <낭만 고양이> 가사를 흥얼거리는 사이, 싱싱한 생선 등 각종 해산물이 진열된 좌판이 보이기 시작한다. 그리고 반짝이는 눈으로 도시의 작은 바다를 수호하는 오늘의 주인공들이 차례로 등장한다.

에디터 박재림 / **사진** 안진환 @jji_nan

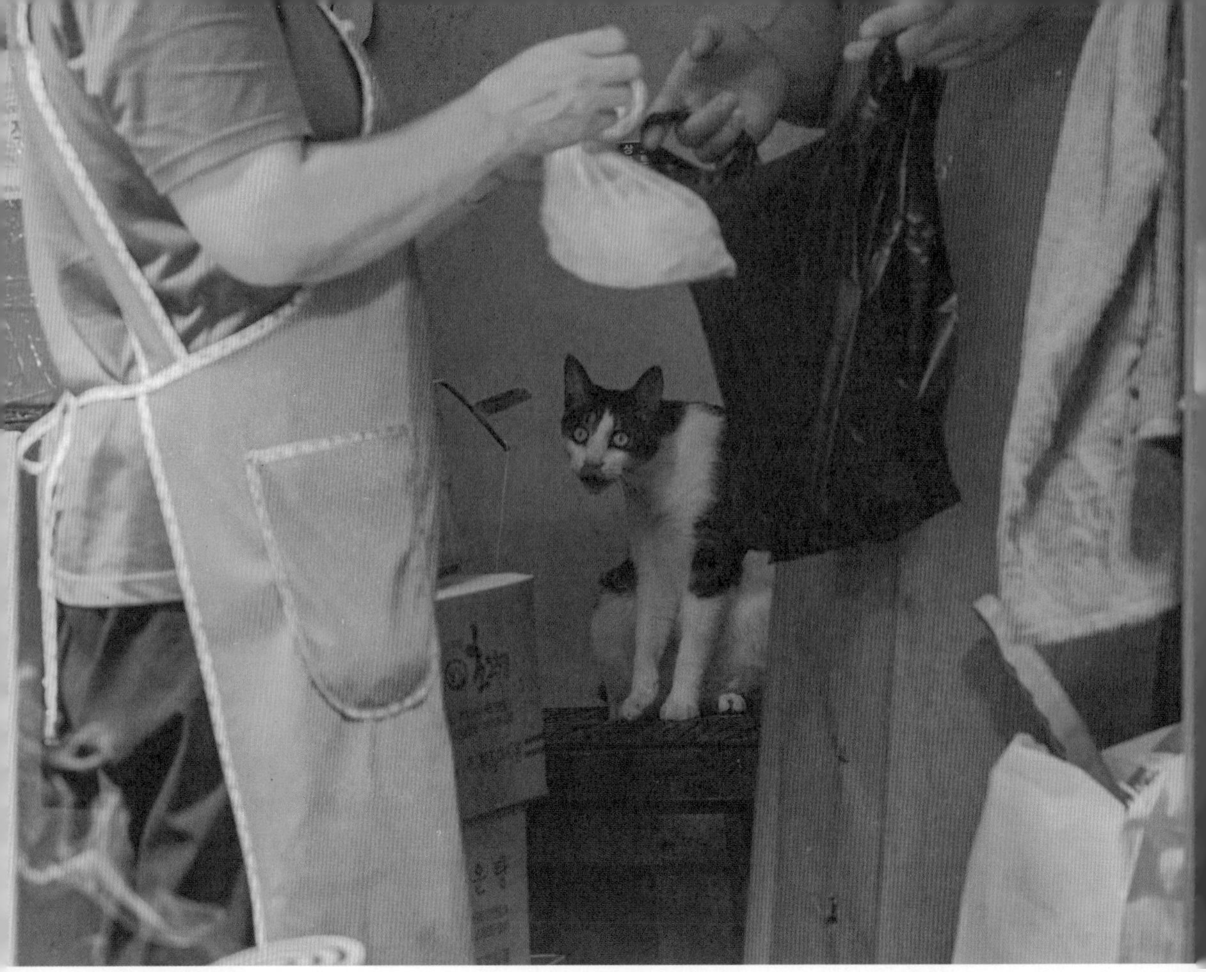

18년째 <성복수산>을 운영 중인 한은아 대표의 믿음직한 세 직원. 길고양이 출신인 이들은 시장과 매장, 가게의 지하공간을 자유롭게 오가며 생활한다. 첫째 '가을이'는 꼭 10년 전인 2012년 가을, 당시 한 대표와 함께 지낸 어린 조카가 시장 근처에서 종이상자에 버려진 생후 2개월 새끼 고양이를 발견하고 데려온 아이다. 그때부터 가을이는 생선가게 가족의 일원이 됐다.

"소문이 난 건지 2015년 겨울 '꽁치'가 제 발로 찾아왔어요. 처음엔 겨울이라고 부르다가 깡마른 모습이 꽁치를 닮아 붙인 이름이죠. 3년 뒤 여름, 또 한 마리가 우리 가게에 자리를 잡았어요. '여름이'죠. 고양이들이 생선가게를 지키고 있으니 다들 신기해해요. 저도 처음엔 그랬죠. 근처 상인과 손님들도 자주 사진을 찍어요. 고양이를 보러 일부러 찾아오시는 분도 있답니다."

어찌 보면 당연한 일이다. '고양이는 생선을 즐겨 먹는다'는 사회적 통념을 깨는 장면이기 때문이다. 대표적 반려동물이자 육식동물인 개와 고양이 중에서도, 생선을 좋아한단 프레임은 유독 고양이에게 강하게 박혀 있다(길고양이에게 사람용 참치캔을 따주는 사람도 많다). 그래서 '고양이에게 생선가게 맡기랴'는 속담은, 곧 고양이는 생선을 지키긴커녕 다 먹어 치울 것이란 의미다.
그러면 가을이, 꽁치, 여름이가 '특이체질'인 걸까? 결론부터 얘기하면 아니다. 대부분 고양이는 생선가게에서 주로 파는 날생선을 선호하지 않는다. 기본적으로 고양이는 단백질 등 필수 영양소가 상대적으로 풍부한 육류를 좋아한다. 또 날생선에는 고양이의 체내 비타민을 파괴하는 성분이 있어서 건강을 해칠 수 있다. 세균과 염분, 알레르기도 문제가 된다.

왜 이런 오해가 생겼을까. 여러가지 설 중 하나가 광고 등 매체의 영향이다. 2차세계대전 영향으로 개와 고양이의 주식이기도 한 육류가 부족해지자 서양사회에서 반려동물 사료의 필요성이 대두되었고, 1950~1960년대부터 건사료가 본격적으로 활용되었다고 한다. 당시 고양이 먹거리 광고를 보면 날생선 이미지를 사용한 것이 많다.

동시에 업체들은 '당신의 고양이는 생선이 필요하다' '모든 고양이가 사랑하는 깊은 바다의 맛' '생선이 고양이에게 건강과 미모를 선물하는 이유' '생선은 고양이를 위한 이상적인 음식' 등 문구를 사용했다. 그 뒤 고양이가 생선이나 생선뼈 등을 물고 있는 이미지가 책, 만화영화, 신문 등 여러 매체에서 사용되며 대중적 오해가 자리잡았다는 것이다.

한국의 경우에는 특히 이웃국가 일본의 영향을 많이 받은 것으로 보인다. 예로부터 해산물 요리가 발달한 일본이라 오늘날 고양이 음식도 생선 베이스가 많다. 일본에서 수입되는 다양한 고양이 간식만 봐도 그렇다. 생선가게 고양이 속담도 일본의 속담 '고양이에게 가쓰오부시(猫に鰹節)'에서 유래했을 가능성이 있다. 가쓰오부시는 가다랑어를 찌고 건조시킨 가공식품이다.

그렇다고 모든 고양이가 날생선엔 전혀 관심이 없고 즐겨 먹지도 않는다고 못박을 수는 없다. 개묘차 및 환경에 따른 차이가 존재하기 때문이다. 어촌에 사는 야생 고양이는 아무래도 해산물에 익숙할 수밖에 없다. 한은아 대표 역시 가을이를 만나기 전까지는 길고양이 때문에 고생한 기억이 많아서 눈엣가시처럼 느낀 적도 있다고 털어놨다.

"매일 '첫 손님'이 길고양이였어요. 이른 아침 가게를 열고 진열대에 해산물을 깔기 무섭게 시장 골목에서 고양이들이 나타나

생선을 가져가는 거죠. 발로 툭툭 건드려 생선이 땅에 떨어지면 물고 가요. 못 가져간 생선도 발톱 자국 때문에 상품으로 팔 수 없죠. 그땐 몰랐지만 가을이, 꽁치, 여름이와 지낸 후로는 그 고양이들이 너무 배가 고파 뭐라도 먹고 싶었던 게 아닌가 싶어요."

날생선은 위험할 수 있어도, 염분을 제거하고 익힌 생선은 가끔씩 특식으로 먹으면 좋은 효과를 볼 수 있다. 생선 등 해산물에 풍부한 타우린 성분 덕분이다. 가을이가 어릴 때 수제간식 개념으로 익힌 생선을 먹이곤 했다는 한 대표는 "가을이가 맛있게 잘 먹긴 했는데, 생선 맛에 빠질까 봐, 그래서 더 이상 함께 살 수 없을까 봐, 그 뒤로는 먹이지 못했다"고 회상했다.

뒷골목 낭만 고양이는 거미로 그물 쳐서 물고기 잡으러 바다로 떠났지만, 성복수산 고양이들은 생선가게에서 행복하게 살아간다. 우연인지 필연인지 가을이가 오고 1년쯤 뒤, 생선가게 바로 앞 건물에서 반려동물 용품가게가 문을 열었다. 그 덕에 초보집사 한 대표도 자주 드나들며 고양이에 관해 많이 배웠다.

가을이 꽁치 여름이가 온 뒤로, 생선을 노리던 주변 길고양이가 모두 사라진 건 고양이가 영역동물이라 그렇다는 걸 알았다. 그리고 가을이가 외출해서 쥐를 잡아온 것, 그 모습이 부러웠던 둘째 꽁치가 진열대의 말린 조기를 물고 와서 한 대표의 머리맡에 둔 건 일종의 애정표현이라는 것도 알게 되었다. 그리고 확실하게 깨달은 또 한 가지.

"고양이에게 생선가게를 맡길 수 있냐고요? 그럼요, 이렇게나 잘 지키는 걸요!"

생선지키는 고양이
~가울이네 집

The Small Sea Of The City

363-7251
92-0832
3-8252

묘왕마마, 기미상궁이옵니다

에디터 박재림 / **사진** 옥세일 / **자료제공** 조공 @choandkang_official

조선시대 왕의 식사인 수라를 미리 맛보는 이가 있었다. 음식에 들어가 있을지 모르는 독을 확인하는 과정을 '기미(氣味)를 본다'고 표현했고, 이를 담당하는 큰방상궁을 '기미상궁'이라 불렀다. 역사는 이어지고 있다. 오늘날에도 대통령의 음식을 먼저 먹어보는 검식관이 존재한다. 그리고 고양이왕을 섬기는 이들이 살아가는 세상에도 기미상궁이자 검식관이 있다. 묘왕(猫王) 마마께 조공할 간식을 시식하는 '펫푸드 테스터'가 그 주인공이다.

안녕하세요, 고양이왕 모시는 기미상궁님을 만나러 왔습니다.

환영합니다, 방문해 주셔서 감사해요. 저는 <조공> 개발팀 소속으로 품질관리(QC) 업무를 담당하는 박인기 사원입니다. 말씀하신 기미상궁이 바로 저랍니다(웃음). 2020년 10월 입사 후 지금까지 액상스틱간식, 동결건조간식, 영양제 등 50가지 이상 펫푸드 제품을 직접 먹었어요. 닭고기, 소고기, 칠면조고기, 오리고기, 게살, 말고기, 꽃사슴 고기, 각종 생선 등 원재료도 다양하죠.

CUPBEARER OF THE LORD

매주 2~3회씩, 이곳 실험실에서 제품의 퀄리티가 최상으로 유지되고 있는지를 정기적으로 확인합니다. 직접 먹기도 하고(스틱간식은 짠 뒤 스푼으로 떠서 맛을 봅니다), 여러 기구를 사용하면서 기호성에 영향을 미치는 맛과 향, 제형, 점도, 색상, 안정성 등을 체크하죠. 입맛이라는 것이 주관적이라 필요한 경우 다른 직원들에게도 시식 요청을 해요. 신제품 개발 과정에서 반려동물이 좋아할 먹거리인지를 다각도로 살펴보는 것도 저의 업무입니다.

아무래도 그 맛이 어떨지 궁금해요. 고양이 집사로서 사료를 시식(?)하고 토할 뻔한 기억이 있는데… 간식의 경우는 어떨까요?
참고로 저는 입맛이 확고한 편이고, 맛집 탐방도 즐기는 편이라는 걸 미리 말씀 드릴게요. 기본적으로 펫푸드는 간이 되어있지 않기 때문에 사람 입에는 싱겁고 슴슴해요. 닭가슴살 베이스 제품은 간이 전혀 안 된 콩물에 닭고기를 갈아 넣은 것 같은 느낌이고, 생선 베이스 제품은 간이 되지 않은 어죽과 비슷합니다. 생선 베이스 간식은 아무래도 비린내 때문에 시식에 애로사항이 있어요. 생전 먹어본 적 없는 말고기를 펫푸드 테스트 때문에 처음 먹게 되었을 때도 심리적 거부감이 있었죠. 그렇다고 먹지 않을 순 없어요. 본연의 맛이 잘 느껴지는지를 확인해야 하니까 꼭 참고 음미를 합니다.
가끔씩 예외도 있어요. 입사 후 처음으로 테스트한 펫푸드가 삼계탕 맛 스틱간식이었는데, 사람이 먹는 삼계탕과 맛과 향이 비슷해서 깜짝 놀란 기억이 있습니다. 동물복지 닭가슴살을 사용해 만든 제품이라 그런지 오히려 시중의 일반 닭가슴살보다 더 맛있더라고요. 산양유 베이스 간식도 보호자분들이 꽤 맛있게 드실 것 같아요.

테스트에 앞서 특별한 준비 과정이 있나요? 입을 헹군다든지, '나는 고양이다 나는 고양이다' 이미지 트레이닝을 한다든지….
거창한 준비 과정이 따로 있진 않습니다. 시험실 청결은 기본이구요. 특별한 준비라고 한다면, 테스트를 하기 전에 반려묘 '뚜리'가 간식을 먹는 모습을 상상한다는 거에요. 뚜리는 5년째 함께하는 코리안쇼트헤어 치즈 고양이랍니다.
펫푸드는 사람이 먹을 수 있는 원재료로 만들지만 앞서 말했듯 짠맛, 단맛, 매운맛은 거의 없기 때문에 기본적으로 사람이 맛있게 먹을 수 있는 음식은 아녜요. 제가 본능적으로 맛을 느끼긴 어려우니 이걸 맛있게 먹는 뚜리를 상상하며 최대한 고양이 입장에서 섬세하게 느끼려고 노력하는 거죠. 처음 먹는 말고기에 두려움을 느낀 날도, 그것이 상품화되었을 때 맛있게 먹어줄 뚜리를 상상하며 용기를 내서 시식을 강행한 기억이 나요.

시험실 곳곳에 고양이 사진이 붙어있어요. 그 분(?)이신가요?
맞아요, 제가 모시는 고양이님입니다(웃음). 대학 시절 동물생명공학과에서 공부하며 길고양이보호 동아리 활동을 했어요. 2018년 초여름, 사고로 골반 수술을 받은 치즈 고양이를 만났죠. 임시보호를 했고 곧 입양으로 이어졌습니다. 길냥이 시절 처음 발견된 곳이 '스트릿카페'라는 카페 앞이어서 '뚜리'라는

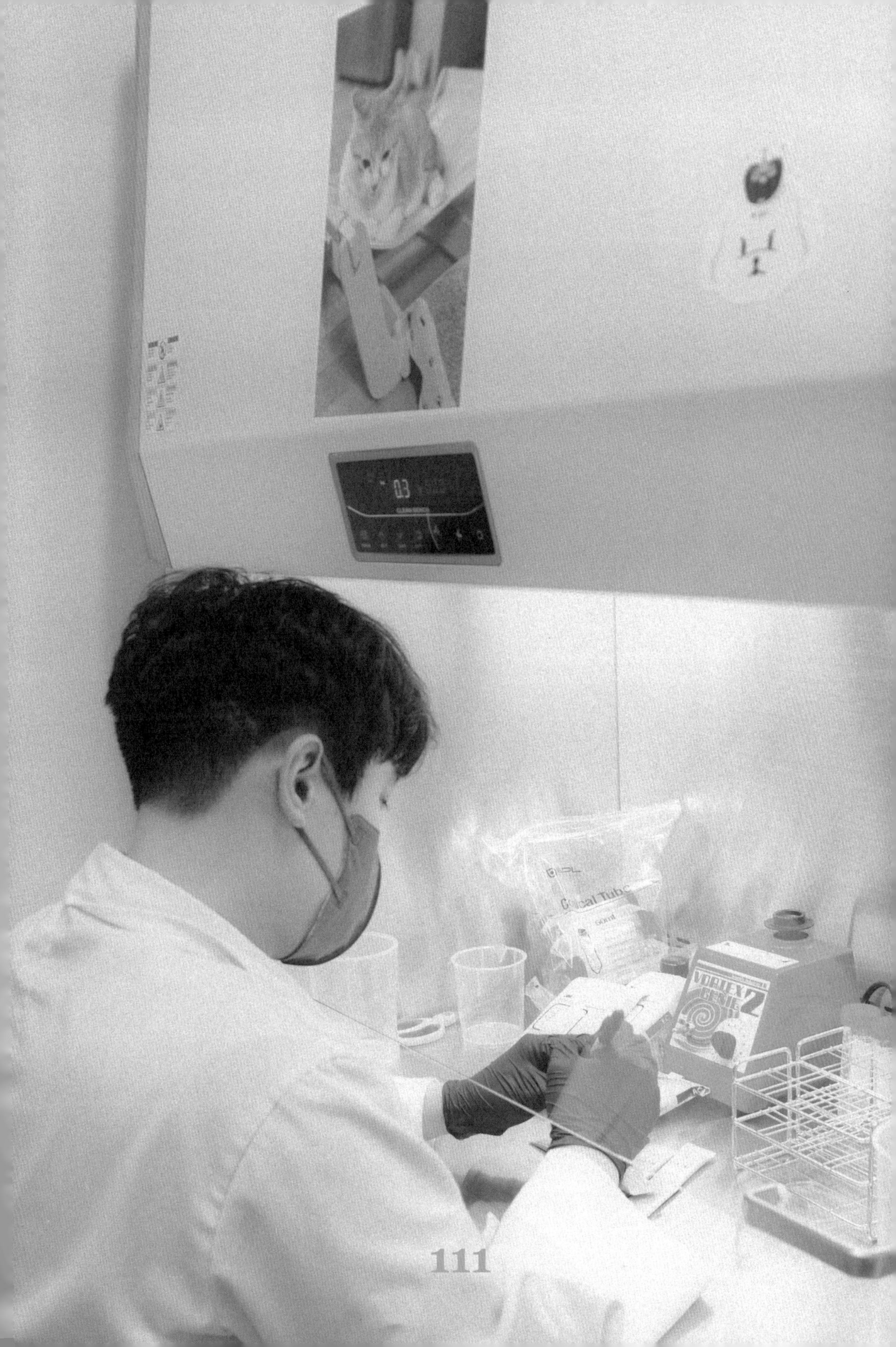
VORTEX GENIE 2

5km

이름을 붙였고, 입양 후에도 계속 그 이름으로 부르고 있어요. 올해 5살 정도로 추정됩니다.
제가 여기 입사한 것도 뚜리 덕분이라고 할 수 있어요. 예전부터 뚜리에게 자주 먹인 간식이 <조공>에서 만든 거라 회사를 잘 알고 있는 상태에서 채용공고를 확인하고 지원했거든요. 그렇게 입사한 뒤 시험실에 뚜리 사진들을 붙였어요. 보면서 일하면 기분이 좋아지고 더 열심히 검사를 해야겠다는 책임감도 갖게 되죠.

뚜리가 신제품 탄생에도 기여를 했다면서요?

새로운 제품을 만들 때는 기호성 체크가 중요한데 인간의 미각으로는 한계가 있기 때문에 반려동물에게 급여를 해서 확인하는 과정을 거칩니다. 입사 2개월차에 처음 참여한 신제품 프로젝트가 생각나요. 오골계 닭고기를 베이스로 한 스틱간식이라 직접 오골계 농장에 방문해서 원재료 선택을 하는 등 심혈을 기울였죠. 테스트 과정에서 뚜리에게 급여했는데 맛있게 먹더라고요. 더 달라고 울며 보챌 정도였죠. 이후 시중에 판매된 그 제품이 큰 사랑을 받아서 정말 뿌듯했습니다.
저뿐 아니라 이곳 직원 대부분 반려동물을 키워요. 뚜리를 포함한 동물 친구들이 제품 기호성 테스트에 참가합니다. 명예사원들이라고나 할까요? 시중에 판매되지 않는 제품을 미리 맛보는 경우도 많아서 반려동물계의 '금수저' '다이아몬드 수저'라 부를 만하죠, 하하. 가끔 뚜리가 테스트 과정에서 입맛에 맞지 않아서 접시를 발로 차는 등 시위를 하는데 그 모습이 얼마나 귀여운지 몰라요.

펫푸드 테스터로 일하며 배운 점이 많을 것 같아요.

대학에서 사료, 인공수정, 동물행동학 등 동물과 관련된 전반적인 공부를 했고 뚜리를 반려했음에도 펫푸드를 먹어본다는 생각은 한 번도 못했어요. 회사에 들어온 뒤에야 처음 펫푸드를 먹어본 거죠. 초반에는 기호성 테스트 결과가 예상과 다르게 나온 적이 많았어요. 그래도 경험이 쌓이면서 노하우가 생긴 듯합니다. 이젠, 색상과 제형만 봐도 원재료가 무엇인지, 어떤 맛일지, 기호성이 어떨지 대략 알겠더라고요. 또 반려동물의 건강상태에 따른 먹거리, 관련 질병 등도 자연스럽게 습득하기 때문에 집사로서도 많은 걸 배웠습니다.

가장 보람찬 순간은 언제일까요?

저를 포함한 모든 직원들의 노고가 녹아든 우리 간식이 고객들의 사랑을 받을 때죠. 신제품 하나가 시장에 출시하기까지 '제품기획→영양연구→샘플제작→테스트'의 과정을 거쳐요. 사람 음식을 만드는 것과 다를 게 없죠. 좋은 원재료로, 여러 시험과 테스트를 거쳐, 생각한대로 나온 제품이, 반려인에게 인정받으면, 고양이와 강아지가 맛있게 먹는 모습을 보면 큰 보람을 느낍니다.
반려인이 반려용품을 고르는 건 부모가 아기를 위한 유아용품을 고르는 것과 비슷하다고 생각해요. '나는 대충 먹더라도 우리 아이는 좋은 걸 먹이겠다'는 마음 말이죠. 그럴수록 안전하고 맛있는 펫푸드를 만들어야한다는 다짐을 해요. 그것이 목표이기도 하구요. 너무 평범한 목표 아니냐고 하실 수도 있지만 본질을 잊지 않는 게 중요하다고 생각해요.

외국에서는 펫푸드 테스터가 유망한 직업으로 떠오르고 있지만 아직 한국은 그렇지 못하죠. 이 땅의 펫푸드 테스터로서 사명감이 궁금합니다.

펫푸드 테스터라고 하면 단순하게 반려동물의 음식을 시식하고 평가하는 일이 전부인 것처럼 보이지만 그렇지 않아요. 그보다는 영양학적인 분석 및 안전성 파악이 더 중요하다고 생각합니다. 그래서 관련 공부를 지속적으로 하고, 대학 시절 교수님께도 자주 여쭤보고 있어요. 뚜리, 그리고 고객님의 반려동물들에게 맛있고 안전한 음식을 먹인다는 사명감을 품고 있습니다.
반려동물 식품 산업에 종사하는 사람으로서 꿈이 있다면, 업계의 모든 구성원이 반려동물을 단순한 동물이 아닌 '작고 소중한 가족'으로 여기며 펫푸드를 만들기를 바라요. 그런 분위기와 마음가짐이 기본이 되었을 때 더 많은 기업이 반려동물 식품 R&D에 많은 투자를 할 것이고 우리나라 펫푸드 산업도 성장할 거예요. 그러한 과정 속에서 관련 직종의 환경과 대우도 지속적으로 좋아지고 발전할 거라 믿습니다.

식사를 합시다

Bowwow meow

에디터 최진영 / **그림** 권부연

잘 먹겠습니다. 내 오늘 점심 메뉴는 새우와 치킨이 들어갔어.
고소한 치킨 육수와 오동통한 새우살의 조합은 안 씹고도 삼킬 수 있겠어.
넘볼 생각은 하지 마. 다 먹고 나서 그릇 냄새 맡아보는 건 허락할게.

잘 먹겠습니다!
칠면조 고기에 계란 프라이까지. 삼색 연근과 상큼한 딸기도
내 입맛에 딱이야. 네 것도 엄청 좋은 냄새가 난다.
넘볼 생각 말랬지만… 그래도 한 입만 먹어봐도 될까?

(무시)엄마가 너랑 내 사료를 바꿔서 줬던 날 기억나?
난 아직도 너 밥 먹는 모습을 보면 그때 강아지 사료 맛이 떠올라. 웩. 토가 나올 뻔했다니까. 단식투쟁을 시작하기 전까지 엄마가 눈치 못 챈 것도 신기해.
다시 생각해도 정말 끔찍한 일주일이었어. 근데 넌 그거 다 먹었잖아.

사실 나는 밥이 바뀐 줄도 몰랐어…
촉촉하고, 비릿하고, 짭짤하고… 가끔 그 맛이 그리워.
이제껏 맛보지 못했던 신선한 맛이었달까.
비밀인데 그 이후로도 가끔 너 밥 몰래 훔쳐 먹었어. 미안.

넌 뭐든 너무 잘 먹어서 탈이야.
나라면 절대 안 먹을 것도 덥석 잘 먹어버리지.
네가 포도를 먹어서 난리가 난 일도 기억나네.

더운 여름날 거실에 앉아서 엄마 한 알, 나 한 알 포도를 나눠 먹었었지. 맛있게 먹던 도중에 갑자기 엄마가 눈을 동그랗게 뜨더니 밖으로 데리고 나가는 거야. 맛있는 것도 먹고 산책도 하고 즐거운 날이라고 생각했는데 정신 차리고 보니 병원이었어. 알고 보니 포도가 개한테 치명적인 악마의 음식이더라.
그 뒤로 포도를 두 번 다시 먹지 못했지.

그래도 가끔은 뭐든 잘 먹는 네가 부러워. 나는 까다로운 편이라 가끔 엄마한테 미안할 때가 있거든. 난 후각이 좀 예민해서 냉장고에 넣어뒀던 습식은 먹기 싫어. 내가 안 먹어서 통째로 버려지는 모습을 보면 좀 아깝기도 해.
그래도 따듯하게 데워주면 먹을 만하더라.

나는 식욕을 참는 게 쉽지 않아. 특히 밖에 나가서 신나게 달리면 배가 엄청 고파져. 산책하다가 바닥에 있는 거 주워 먹어서 병원 간 적도 있잖아. 난 음식 냄새를 맡으면 그 안에 어떤 재료가 들어 있는지 하나하나 다 알 수 있어. 그래서 더 참기 어려운 것 같아. 근데 내가 너보다 냄새를 더 잘 맡잖아. 너는 먹으면 안 되는 음식을 어떻게 구별해?

우선 냄새를 잘 맡아보고 혀 끝을 살짝 대서 맛을 조금 봐.
그 다음 기억을 잘 되살려서 뭔가 기분이 찜찜하다면 그 음식은 패스해.
배가 아플 수도 있거든. 배가 조금 고프더라도 아프지 않은 것이 우선이야.
아, 나는 벌써 배가 부른 느낌인데. 내 배 빵빵해진 것 좀 볼래?

벌써 배가 부르다고? 나보다 조금 먹었잖아. 나는 먹어도 먹어도 배가 고픈데, 혹시 우리 입속이나 뱃속이 다르게 생긴 걸까? 아- 해봐. 한 번 확인해 보자.

우와, 송곳니가 정말 날카롭네. 뾰족한 이빨 끝이 꼭 칼날 같기도 한 게 정말 멋있어. 어? 근데 나보다 이빨 수가 훨씬 적네? 어금니도 너무 작아서 잘 씹히지도 않겠는데? 그래서 항상 송곳니로 사료를 씹어 먹는구나. 이빨이 작고 약해서 개 껌도 못 먹겠네…

넌 어떻게 생겼는데? 너도 아- 해봐! 이빨이 엄청 크고 턱 근육도 멋지게 붙어 있네. 그래서 큰 개 껌을 잘근잘근 맛있게 씹어 먹었구나. 어금니도 튼튼하니 음식을 잘 부셔 먹을 수 있겠어. 네가 뭐든 잘 먹는 이유는 이빨이 튼튼하기 때문인가… 근데 밥 다 먹었어? 이제 물먹으러 가자.

아, 이거 맛보니까 수돗물이네.
바꿔 마시자. 나는 생수가 더 깔끔하니 맛있어.

정말? 나는 수돗물이 더 좋은데. 생수는 무거운 맛이 나거든. 저번에 엄마 말 들어보니까 무슨 영양소가 들어서 강아지한테는 생수가 더 좋다고 하더라. 민… 미네… 뭐라고 했던 것 같은데. 미네랄?

아, 이제 정말 배불러. 우리를 위해서 항상 정성스러운 밥을 준비하는 엄마를 보면 난… ㄱㅏ끔 눈물을 흘ㄹㅕ… 머리가 아닌… 맘으로 우는 내가 좋다.

또 시작이네. 밥 먹고 나면 조금 더 심해지는 것 같아. 엄마가 우리의 밥을 준비하는 걸 보면 참 고생이다 싶어. 재료를 씻고, 자르고, 삶고… 좋아하는 건 뭔지, 알레르기는 없는지 늘 먹는 걸 관찰하기도 하고 말이야. 밥 먹을 때 우리를 보는 눈빛이 느껴질 때도 있지. 난 그럴 때일수록 더 맛있게 먹는 소리를 들려줘. 와작 와작 사료 씹는 소리는 엄마를 가장 힘 나게 하거든. 이렇게나마 고마운 마음을 전해주고 싶어.

잘 먹었습니다!
잘 먹었습니다~

AILUROPHILE'S CUISINE

진심으로 요리하다, 집밥 캣선생

김서연 제이미앤코 대표의 11살 반려 고양이 '모찌'는 과거 방광염을 심하게 앓았다. 치료를 위해서는 충분한 수분 섭취가 필수. 요리를 전공한 김 대표는 모찌의 투병에 도움이 되는 음식을 집에서 직접 만들기 시작했다. 수분 스프 등 건강식을 먹이며 병원 치료를 병행한 결과 모찌는 완쾌하여 건강하게 지내고 있다. 이후로도 고양이 건강식을 연구한 김 대표가 반려인도 '겸상'할 수 있는 맞춤요리 레시피를 소개한다.

글 김서연 brunch @saltstyle / **그림** 버니팔렛 @bunnypalette / **에디터** 박재림

CHICKEN

육식동물인 고양이에게 고기는 빠질 수 없는 식재료입니다. 그 중 닭고기는 부위별로 맛과 식감이 달라요. 닭가슴살은 지방이 가장 적고 담백하며 단백질과 필수 아미노산이 함유되어 있습니다. 칼로리가 가장 낮고 비타민B 비타민A도 풍부해서 닭고기 중에서도 가장 광범위하게 사용되는 부위입니다. 닭가슴살에는 흰색 지방질이 껴 있는 경우가 있는데 제거를 하고 요리하는 게 좋습니다.

뱅글쿠키

반려동물의 간식은 제약되는 것이 꽤 많답니다. 사람에게 좋은 식재료가 고양이에게 독이 될 수 있는 것이 많고, 고양이가 먹으면 안 되는 재료도 계속 늘어나죠. 튀김류도 좋지 않고, 밀가루도 많이 쓰면 안 되고, 버터는 되도록 안 쓰는 게 좋고….

처음부터 거창한 것을 해주려고 무리하지 않아도 됩니다. 아이가 좋아할 만한 식재료를 사용한 간단한 간식부터 차근차근 시작하면 돼요. 익숙하지 않은 재료가 많이 들어간 음식은 아예 관심이 없을 수 있어요. 처음 접하는 재료는 소량으로 시작해 차츰 늘려가는 게 좋답니다.

그런 의미에서 준비한 '100% 실패 없는' 뱅글쿠키! 고양이라면 다들 거부할 수 없는 닭고기를 사용한 수제간식입니다. 이름은 쿠키지만, 사실은 쿠키로 위장한 닭가슴살롤이랍니다.

재료

- 닭가슴살 500g
- 가쓰오부시 5g
- 삶은 시금치 10g

만드는 법

❶ 닭안심의 이물질, 지방질, 힘줄을 제거합니다. 시금치는 삶아서 아주 잘게 다져주세요.
시금치는 너무 많은 양을 급여하지 않도록 주의합니다.

❷ 닭안심을 덩어리가 안 보일 때까지 잘게 다집니다.
이 과정이 복잡하다면 믹서기에 넣고 갈아주세요.

❸ 닭안심을 250g씩 두덩어리로 나눕니다.
한덩어리는 가쓰오부시, 다른 한덩이는 시금치와 섞어주세요.

❹ 각 반죽을 비닐봉지에 담아서 평평한 네모 모양으로 만듭니다. 최대한 얇게!

❺ 반죽들을 비닐봉지에서 꺼낸 뒤 가쓰오부시 반죽 위에 시금치 반죽을 올려줍니다.
순서는 상관없어요.

❻ 합친 반죽을 김밥 말듯이 돌돌돌 말아줍니다. 두께는 고르게!
반죽을 냉동실에서 1~2시간 얼려줍니다.
너무 꽁꽁 얼면 썰기가 어려우니 중간중간 확인합니다.

❼ 냉동실에서 꺼낸 반죽을 칼로 잘라줍니다.

❽ 180도로 예열한 오븐에서 10분간 구워줍니다.
쿠키의 굵기와 오븐별 성능이 다를 수 있으므로 시간은 가감해주세요.

– 어떤 재료든 요리를 하기 전 소량을 먹여서 알레르기 반응을 확인하시기 바랍니다.
– 육식동물인 고양이에게 너무 잦은 채소 급여는 건강에 좋지 않을 수 있습니다.
– 고양이는 육식동물이기 때문에 너무 많은 채소, 탄수화물 급여는 좋지 않을 수 있습니다.

KATSUO BUSHI

CHICKEN

SPINACH

1
2
3
4
5

6

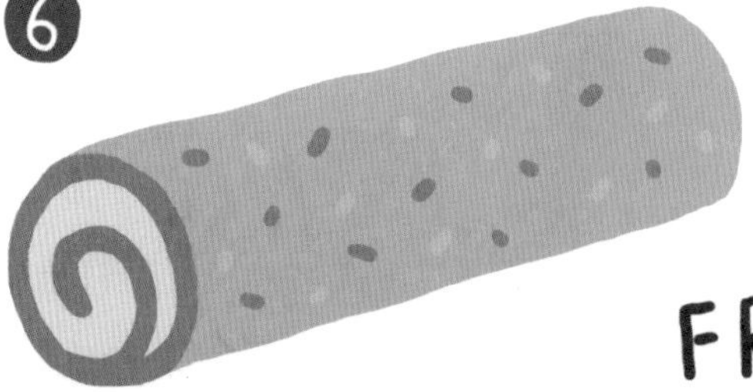

FROZEN 2HOUR

7

8

OVEN 180°C 10MINUTES

CARROT

당근의 펙틴과 섬유질은 고양이의 위와 장 기능 강화를 돕고 소화, 변비 해소에도 좋습니다. 물론 생으로 먹여서는 안 되고 반드시 익혀서 급여해야 합니다. 당근은 비타민A로 유명한 채소지만, 고양이는 사람처럼 베타카로틴 성분을 비타민A로 변환하는 능력이 없어요. 대신 이번 요리는 닭고기를 함께 넣어서 비타민A 손실을 막으려고 합니다.

홍화전

9월은 추석이 있는 달입니다. 사람들의 추석 음식 중 고양이가 먹을 수 있는 건 거의 없다고 봐야 해요. 명절 분위기를 풍성하게 낼 수 있는 것은 역시 전! 고양이와 추석을 즐길 수 있도록 보름달을 닮은 홍화전을 준비했습니다.

재료

- 닭가슴살 500g
- 당근 40g
- 파슬리
- 식초 약간

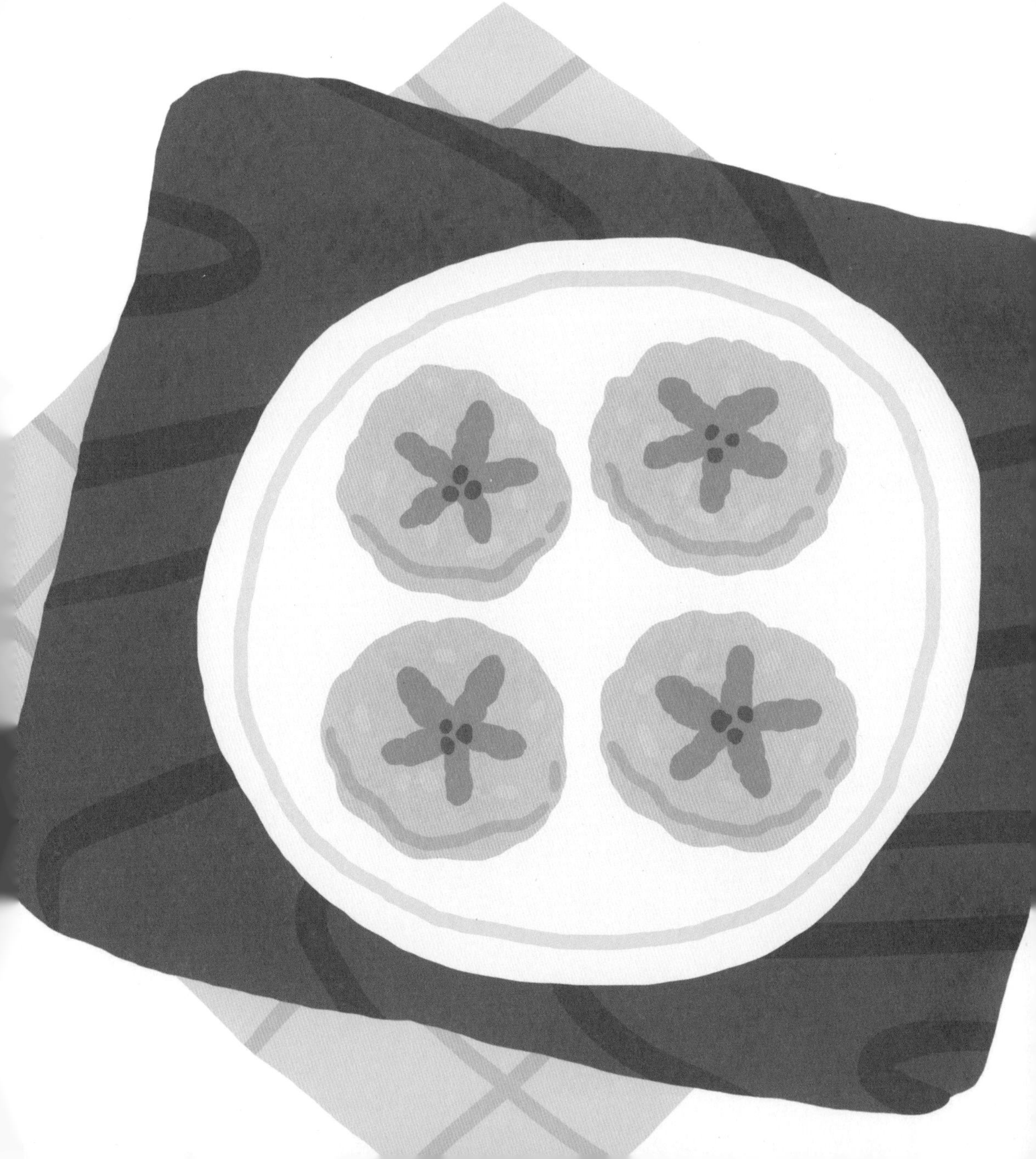

만드는 법

❶ 당근을 적당한 크기로 잘라서 물에 데쳐줍니다.

❷ 데친 당근은 물기를 제거하고, 곱게 갈아주세요.

❸ 지방과 힘줄을 제거한 닭가슴살을 적당한 사이즈로 잘라줍니다.
살균을 위해서 물에 식초를 약간 타서 닭가슴살을 담급니다.

❹ 닭가슴살 물기를 제거한 후 잘게 다지거나 푸드프로세서로 갈아줍니다.

❺ 간 닭가슴살을 평평하고 동그랗게 빚어 식품건조기에 올려주세요.

❻ 갈아 놓은 당근을 닭가슴살 위에 올리고 파슬리도 살짝 올립니다.
식품건조기 온도를 60도에 맞춰 약 7시간 돌려줍니다.
전의 굵기와 건조기 사양에 따라서 시간은 가감합니다.

– 어떤 재료든 요리를 하기 전 소량을 먹여서 알레르기 반응을 확인하시기 바랍니다.

– 육식동물인 고양이에게 너무 잦은 채소 급여는 건강에 좋지 않을 수 있습니다.

– 고양이는 육식동물이기 때문에 너무 많은 채소, 탄수화물 급여는 좋지 않을 수 있습니다.

CARROT

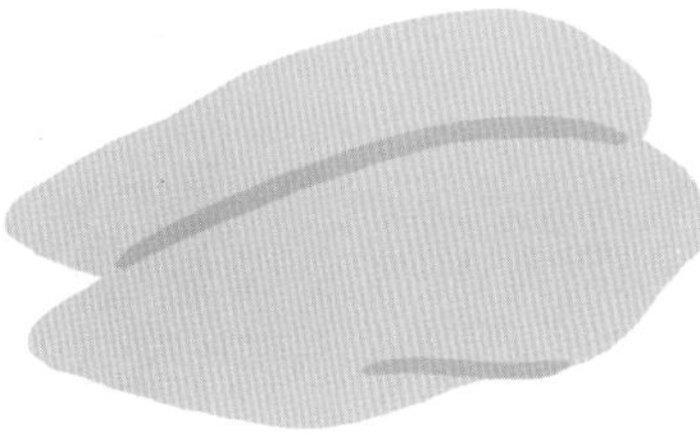

CHICKEN

PARSLEY

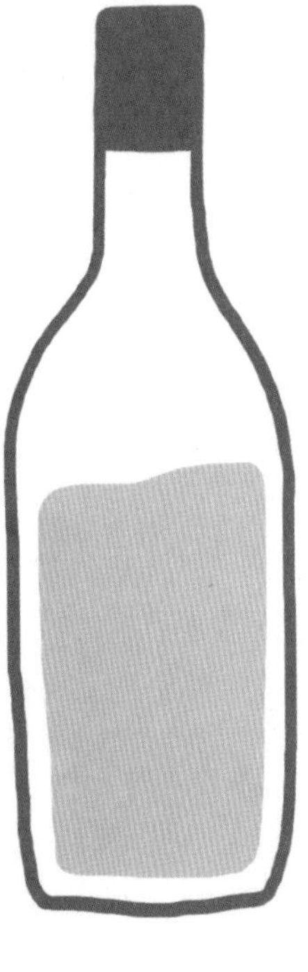

VINEGAR

1

2

3

4

❺

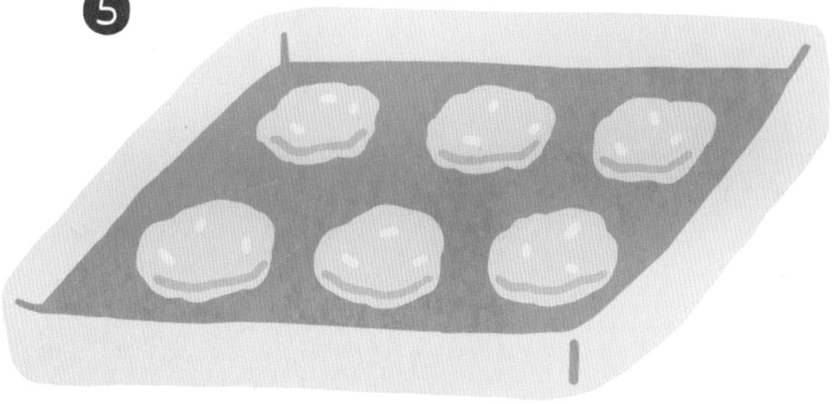

❻

DRYER 60℃ 7HOUR

SHRIMP

생새우는 반려동물에게 위험할 수 있지만, 데워서 조리한 새우는 반려동물의 체력 증진에 도움이 되는 스태미나 식재료입니다. 갑각류와 해물은 타우린, 키토산도 얻을 수 있죠. 새우가 비타민B1을 파괴한다는 얘기를 들어본 적 있으실 거예요. 비타민B1은 물에도 쉽게 녹아버립니다. 개인적으로 비타민B1은 다른 고기류에서 충분히 섭취할 수 있다고 생각해요. 비타민B1을 파괴한다는 것만으로 새우를 포기하기엔 아까운 것 같아요.

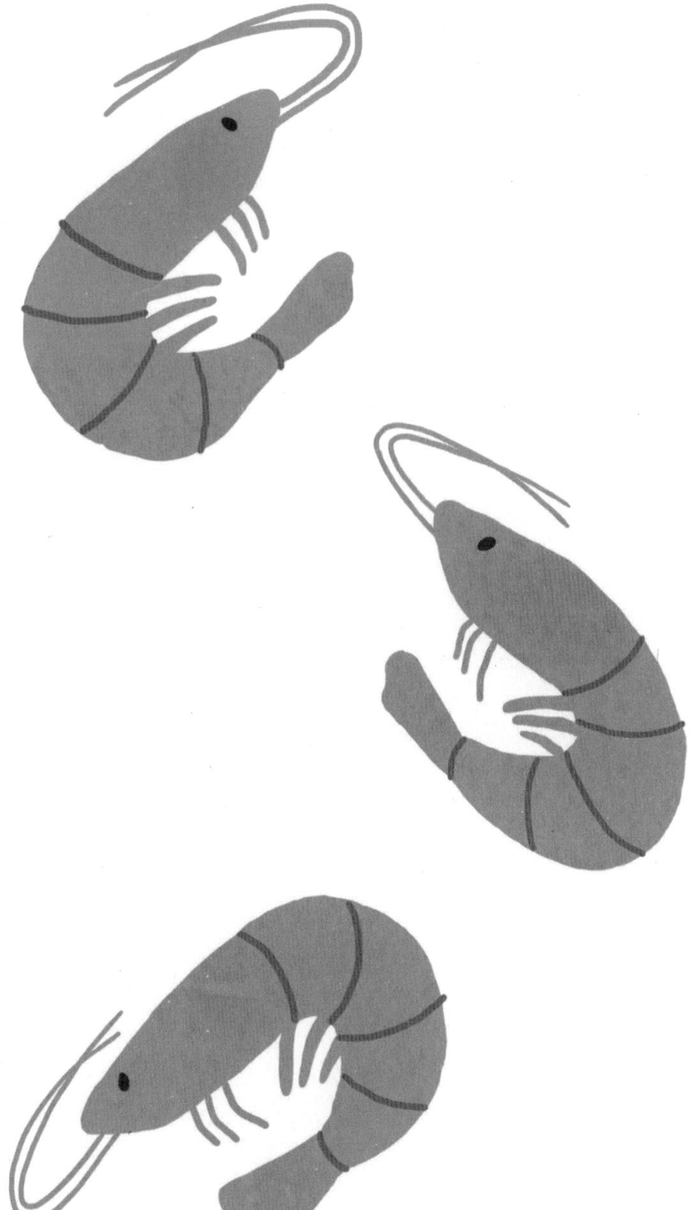

비스크

제가 5년 간 유학한 캐나다에는 'Summerlicious'와 'Winterlicious'라는 것이 있어요. 여름과 겨울 중, 호텔과 레스토랑의 비싼 요리를 저렴하게 코스로 맛볼 수 있는 기간을 뜻한답니다. 학창 시절 얼른 그 기간이 되기를 고대했죠. 학교 친구들과 점심에 한 곳, 저녁에 한 곳 예약을 하고 공강시간에 다녀오곤 했는데, 그때 접한 것이 '비스크'랍니다.
프랑스 요리인 비스크는 갑각류로 만든 진한 수프예요. 가재, 새우, 게 등의 껍질에서 향을 뽑아낸 음식이라 향과 맛이 강해서 전채요리로 소량이 나오죠. 옛 추억을 떠올리며, 모찌를 위해 연구한 새우비스크 레시피입니다. 새우향이 너무 강하면 처음 먹는 아이는 거부할 수 있기 때문에 토마토를 약간 섞어주었어요.

재료

- 새우머리&껍질 10개
- 토마토 1/2개
- 삶은 닭가슴살 60g
- 치킨육수 20ml
- 새우 10마리
- 계란 흰자 1/2개
- 파슬리

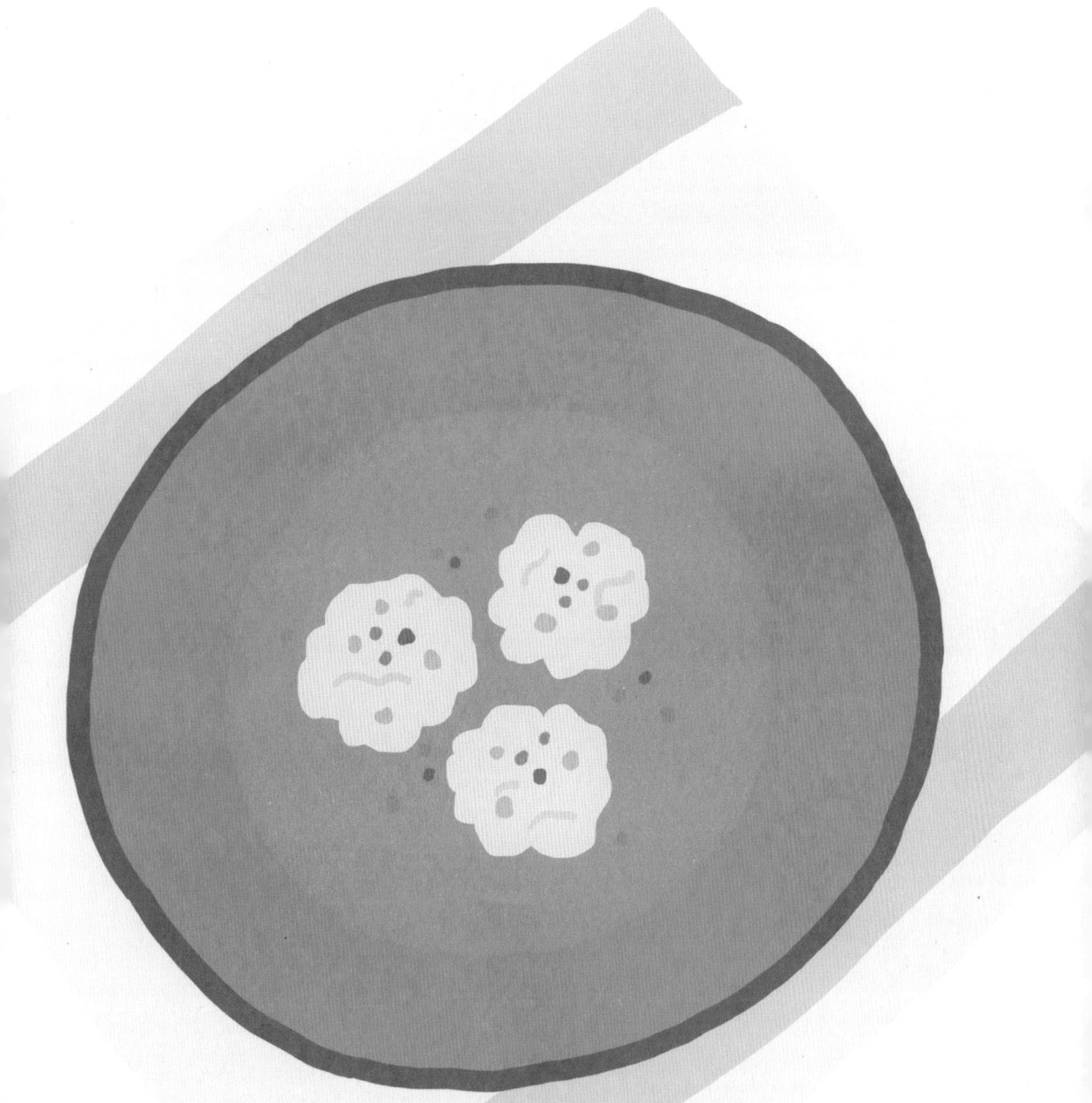

만드는 법

Part. 수프

❶ 닭가슴살과 치킨육수를 섞어서 갈아주세요.

❷ 새우는 껍질과 살을 분리해서 준비합니다.

❸ 소량의 오일 혹은 버터와 함께 새우껍질을 약한 불에서 타지 않게 달달 볶아주세요.
새우껍질에서 나오는 육수에서 고소한 향이 마구마구 올라올 거예요.
껍질은 갈아줍니다.

❹ 토마토와 1번에서 준비한 육수, 새우껍질도 함께 넣고 끓여줍니다.

❺ 다시 한 번 곱게 갈아서 체에 걸러줍니다.

Part. 완자

❻ 새우살은 내장을 깔끔히 제거한 뒤 다져주세요.

❼ 계란 흰자를 거품기로 잘 풀어주세요.

❽ 새우살과 거품 낸 계란 흰자를 섞어주세요.
흰자는 한꺼번에 넣지 마시고, 새우살과 섞으면서 양을 조절해주세요.

❾ 완자 모양으로 빚은 뒤 찜기에서 쪄주세요.

❿ 수프에 완자를 올린 뒤 파슬리를 솔솔 뿌려주면 완성!

– 어떤 재료든 요리를 하기 전 소량을 먹여서 알레르기 반응을 확인하시기 바랍니다.

– 육식동물인 고양이에게 너무 잦은 채소 급여는 건강에 좋지 않을 수 있습니다.

– 고양이는 육식동물이기 때문에 너무 많은 채소, 탄수화물 급여는 좋지 않을 수 있습니다.

SHRIMP

EGG WHITE

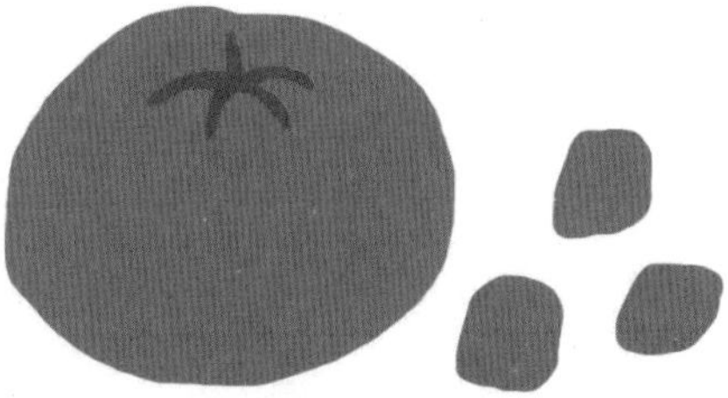

TOMATO

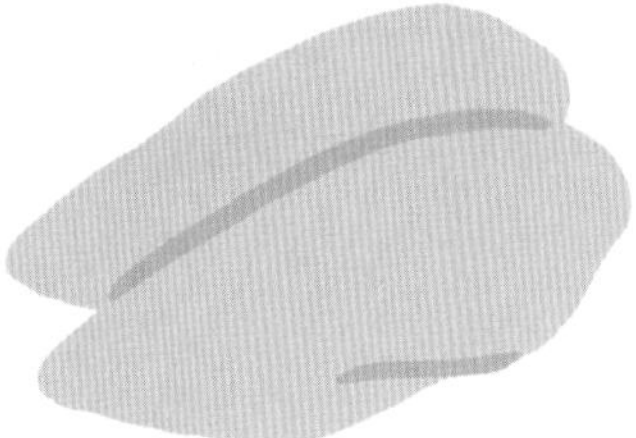

CHICKEN

CHICKEN STOCK

PARSLEY

1
2
3
4
5

6
7
8
9
10

This is Your order, Mr. Cat

미야옹철, 고양이 끼니를 부탁해

글 고양이 전문 수의사 김명철 @grrvet

인기리에 방영된 TV 예능프로그램 <삼시세끼>를 아시나요? 산으로, 바다로 떠난 유명 연예인들이 하루 종일 끼니를 준비하며 맛있는 한상을 차려 먹는 내용이었죠. 끼니를 챙긴다는 건 너무나 일상적이고 흔한 일. 해당 포맷으로 대중의 관심을 끌 수 있을지 미지수였으나, 프로그램은 공전의 히트를 기록했습니다. 그만큼 모든 생명체에게 '먹고 사는 문제'는 가장 기본적인 욕구이자 생존을 위한 필수 요소라는 뜻이겠죠.
프로그램 제목처럼 인간은 하루 세 끼를 먹는 것이 기본으로 정착되었습니다. 오랜 경험의 누적이 만든 식습관이죠. 최근에는 건강을 위한 1일 1식 또는 1일 2식 등 대안도 제시되고 있습니다. 이쯤에서 궁금해집니다. 우리의 사랑스러운 고양이들은 하루 몇 끼를 먹어야 할까요? 영양학적, 생리학적, 행동학적인 근거를 바탕으로 고양이의 최적 끼니 횟수를 찾아보도록 하겠습니다.

먼저 영양학적 측면입니다. 미국 코넬대학교 수의과대학 영양학 전공 프란시스 칼페츠 교수는 6개월령 미만의 성장기 고양이들은 하루 3차례 사료 급여, 6개월령 이후부터는 하루 2회 사료 급여를 추천합니다. 그 정도면 영양학적인 측면에서 부족함이 없다는 개념으로 이해하시면 됩니다.
그런데 고양이의 생리학적 특징을 고려하면 하루 2회 사료 급여는 충분하지 않을지 모릅니다. 왜냐하면 고양이는 음식을 먹고 10시간 정도 지나면 먹은 것이 위와 소장을 거치며 완전히 소화, 공복 상태가 되어 극도의 배고픔을 느끼기 때문입니다. 또 위산 분비로 인한 속쓰림, 구역질, 공복 구토가 일어날 수도 있습니다.
여전히 야생성이 강하게 남아 있는 고양이의 행동학적 측면에선 어떨까요? 주변 야생 고양이들의 식이 패턴이 단서가 됩니다. 쥐나 새 같은 작은 동물을 사냥해서 먹는 야생 고양이가 하루의 필요 칼로리를 채우려면 8~10마리를 잡아서 먹어야 합니다. 집에서 생활하고는 있지만 야생성이 넘치는 고양이라면 이 패턴이 더 익숙할지도 몰라요. 이런 이유로 '자율급식'이 고양이의 습성에 안성맞춤이라고 생각하는 반려인이 꽤 많습니다. 자율급식은 깨어 있는 시간 중 자유롭게 오가며 사료를 먹고 싶은 만큼 먹도록 하는 방법으로, 지금까지 살펴본 고양이의 특성에 가장 적합하다고 생각하기 쉽습니다.

하지만 자율급식에는 크나큰 단점이 존재합니다. 대부분 고양이는 식탐을 조절하지 못하고, 야생에 비해 너무나도 쉽게 먹을 것을 구할 수 있기 때문에 비만묘가 되기 쉽다는 점이죠. 또 고양이가 하루에 얼마나 사료를 먹는지 매일 체크하기 어렵습니다. 고양이의 건강이 나빠져 식욕이 줄더라도 조기에 알아챌 수 없게 되죠. 야생의 고양이는 생존을 위한 사냥으로 에너지를 소비하는 반면 집에서 사는 고양이는 사냥을 하지 않아도 쉽게 먹이를 얻을 수 있기 때문에 사냥 본능을 충분히 해소하지 못해서 문제가 생기는 경우도 많습니다. 야생성이 남은 고양이라면 아주 큰 스트레스입니다. 그 스트레스가 배뇨 실수, 이식, 오버그루밍 등 문제행동으로 이어질 가능성이 높습니다.

결론적으로 고양이의 영양학적, 생리학적, 행동학적 특성을 고려했을 때 보호자는 고양이에게 '몇 끼'를 급여해야 하는가에 그쳐서는 안 됩니다. 한 발 더 나아가 '몇 끼'를 '어떻게' 급여해야 하는가를 고민해야 합니다.
제가 추천하는 방법은 다음과 같습니다. 보호자가 고양이에게 직접 제공하는 끼니는 하루 전체 급여 칼로리의 70%에 해당하는 양을 3회로 나눈 뒤 각자 생활 패턴에 맞춰 제공합니다. 그리고 '먹이 퍼즐', 즉 고양이가 스스로 사냥하듯 머리를 쓰고 몸을 써서 먹이를 얻을 수 있는 급여 형태로 나머지 30% 칼로리의 양만큼 급여합니다.
먹이 퍼즐은 난이도가 매우 다양해서 고양이의 적응도에 맞춰 적절한 것을 사용해야 하며, 보호자가 집을 비울 때와 취침 전 고양이에게 주는 것이 좋습니다. 또 집안 곳곳에 먹이를 감춰두고 사냥터로 활용하도록, 다시 말해 집 자체를 '먹이퍼즐화'해서 고양이가 무료함을 느끼지 않도록 하는 방법도 있습니다.

중요한 점은 1일 사료 급여량은 항상 정해져 있어야 하고, 이를 통해 하루에 먹는 사료 양을 파악하고 체중 변화에 따른 대응이 가능해야 한다는 것입니다. 많은 보호자가 궁금해하는 하루 급여량은 각각 고양이의 현재 체형(비만도)에 따라 다릅니다. 또 현재 급여하는 하루 사료양을 파악하고 있지 않으면 아무런 의미가 없는 질문이 되고 맙니다. 사람도 활동량과 근육량 등에 따라 필요한 열량이 다르기에, 같은 양을 먹어도 체형은 제각각인 것처럼 말이죠.
제가 키우는 두 고양이를 일례로 들자면, 첫째보다 둘째가 건사료를 두 배 정도 먹지만 체중은 둘 다 항상 비슷하게 유지됩니다. 그만큼 둘째의 하루 활동량이 첫째보다 많은 것이죠. 고양이가 하루 동안 먹는 사료양을 정확하게 파악해두면 체중 증량 및 감량 때 기준으로도 활용할 수 있습니다. 사료를 교체한 경우에는 칼로리가 다를 수 있으므로 한 달 뒤 고양이의 체중을 체크해서 급여량을 재확인할 필요가 있습니다.

우리 집 고양이가 식탐이 없고 말랐다면 어떻게 해야 할까요? 이런 경우에는 자율급식을 유지하면서 하루 평균 먹는 양을 확인하고 매일 비슷한 시간에 사료를 계량하여 채워주는 형태로 바꾸는 것이 좋습니다. 하루 2~3시간 정도는 사료 그릇이 비워진 상태가 되도록 하면서 좋아하는 간식을 집 안 곳곳에 숨겨서 사냥 활동을 하도록 유도합니다.
다묘가정의 경우, 제한급식과 더불어 사료 급여마다 각각 고양이를 보호자가 체크하지 않는 이상 사료 급여 컨트롤이 어렵다고 봅니다. 어떤 고양이는 일반 사료를 먹여야 하고, 어떤 고양이는 처방식을 먹어야 한다든지 하는 상황이 난감해지는 거죠. 이럴 땐 개체별 급식기 활용이 솔루션이 될 수 있습니다. 급식기와 연동된 목걸이를 차고 있는 고양이에게만 오픈 되는 방식이라 다묘가정에서 식이 제한을 해야 하는 경우 유용하게 사용할 수 있습니다.

지금까지의 방법들을 각자 생활패턴과 고양이들의 성격이 맞추어 응용하여, 고양이와 보호자가 모두 행복한 일상이 되시기를 바랍니다.

가을이 수확한 마음

눈꺼풀에 비치는 햇빛에 눈이 부셔 일어난다. 가을이 물든 동네는 온통 알록달록이다. 높은 하늘 날아다니는 고추잠자리를 구경하며 즐기는 아침의 여유는 가을이 소중한 이유다. 내 옆에 단 잠을 자는 아기 고양이는 선선한 공기에 아침잠이 늘었다. 벌써 아침 햇살이 따뜻해지는 것이 느껴진다. 조금 더 늦어지면 밥이 없을 수도 있기에 아기 고양이를 깨워 아주머니의 급식소로 발걸음을 서두른다.

아주머니네 집은 눈 감고도 갈 수 있다. 그저 고소한 사료 냄새를 따라가다 보면 어느새 도착하게 된다. 아주머니네 너른 마당 가장 깊숙한 곳에는 우리를 위한 급식소가 있다. 낮은 지붕 아래 급식소는 비가 오나 눈이 오나 이 동네 고양이들로 문전성시를 이룬다. 깨끗한 물이 가득한 이곳엔 임산묘를 위한 고기 특식과, 치아가 아픈 할아버지 고양이를 위한 참치 특식이 준비된다. 늘 호화롭고 정성스러운 메뉴에 급식소보다는 파티장 이란 말이 더 어울릴지도 모르겠다.

에디터 최진영 / **사진** 해랑 @haerang_919, 안진환 @jji_nan

@haerang_919

아주머니는 오늘도 사료를 가득 준비하신다. 사료와 물을 놓아주곤, 마당 가득 펼쳐 놓은 빨간 고추를 거두는 척하며 우리를 힐끔 쳐다본다. 배부른 다른 고양이들은 아주머니에 감사하다며 머리를 비비기도 하지만 나는 도도한 편이다. 평화로운 이 동네에도 간혹 이상한 일이 벌어지기에 신중함은 필수다. 빈 그릇으로 인사하는 것이 가장 큰 표현이라는 것을 안다. 오늘도 한 입 크게 물어본다.

배를 채우면 아주머니 집 근처 양지바른 바위 위에 자리를 잡는다. 우리 모녀는 햇빛 잔뜩 받은 따끈한 바위 위에서 오후 시간 보내는 것을 좋아한다. 한참 여유를 즐기던 그때, 맞은편에서 꼬마가 엄마 손을 잡고 다가온다. 저 꼬마는 지난번 큰 소리로 돌진해 아기 고양이를 놀라게 한 장난꾸러기다. 꼬마의 엄마가 "고양이가 무서워할 수 있으니 조용히 바라만 봐야 한다"며 타이르긴했지만 우리의 놀란 가슴은 한동안 쿵쾅댔다. 그땐 미안했다 사과하며 단풍잎 위에 간식 몇 알을 올려놓는 꼬마가 여전히 얄밉다. 꼬마의 엄마도 미안하다 눈인사를 건넨다. 나도 그 또래 아이들이 어떤지는 누구보다 잘 아는 엄마이니 '저도 그 맘 알아요' 맘속으로만 대답한다. 다음에 또 그러면 혼내 줄 테다, 야옹! 하며 날린 선전포고는 취소해야겠다.

노을이 질 때쯤 보금자리로 돌아간다. 눈꺼풀이 무거워질 때면 터덜터덜 발걸음 소리가 골목을 가득 채운다. 반쯤 감긴 눈꺼풀에 힘이 다시 번쩍 들어간다. 두리번거리던 학생이 우리를 보곤 반갑게 손짓한다. <길 고양이이게 밥을 주지 마시오>라고 써 붙인 전봇대를 피해 자리잡고 캔을 꺼내 따준다. 예전엔 짭짤한 간식만 들고 왔는데, 언젠가부터는 뚱뚱한 캔을 가져와 우리의 저녁을 책임진다. 학교에서 이런 것도 가르치나? 입에 퍼지는 수프 맛을 음미하며 생각한다. 우리가 식사를 시작하면 학생은 한 걸음 멀어져 혼자 조잘거린다. 수능인지 뭔지 알 수는 없지만 배경 음악 삼아 먹으니 더 맛있는 거 같기도 하다. 그때 빌라에서 슬리퍼 끄는 아저씨의 발 소리가 들린다. 겁에 질린 아기 고양이는 수풀 속으로 숨었고, 학생도 눈치를 챘는지 급하게 캔을 정리한다. 집으로 돌아가는 학생의 뒷모습을 바라보니 다시 소년이 된 듯 작아 보인다.

길다면 긴 묘생을 살며 배운 것이 몇 가지 있다. 그 중 하나는 사람들은 언젠가 이 동네를 훌쩍 떠난다는 것이다. 저 학생도 머지않은 거 같다는 직감이 든다. 그런 생각이 드니 학생의 뒷모습에서 눈을 뗄 수 없다. 아직 배고프다고 칭얼거리는 아기 고양이를 달래면서도 온통 그 생각뿐이다.

@jji_nan

내가 아기 고양이만했을 때는 어떤 노부부가 챙겨 주는 남은 음식들을 먹으며 자랐다. 그보다 좀 더 크고 나서는 청소하는 관리인 아저씨가 넘치게 내주던 눅눅한 사료로, 그 후에는 편의점 사장님이 챙겨주던 간식들로… 미숙하지만 진심 가득한 보살핌이었다. 나이도 성별도 모두 달랐지만 그들의 뒷모습만은 똑같았다. 그들은 한쪽 어깨엔 책임감을, 또 한쪽 어깨엔 사랑을 매고 다닌다. 가끔은 그 무거운 어깨를 꾹꾹 눌러 풀어주는 상상도 해본다. 항상 상상에 그치는 일이었지만 날 보던 사람들의 표정은 꾹꾹이 안마를 받은 듯 환했다.

많은 사람들이 스쳐지나가듯 저 학생도 우리 곁에 영원히 함께 하지는 못한다는 것을 알고 있다. 하지만 학생이 준 캔이 아기 고양이를 키웠다는 사실은 잊지 않을 것이다. 아기 고양이도 이 동네를 품으며 자라는 중이다.

@haerang_919

I HAVE A CAT TOO

나도 있어, 고양이

전에 다닌 회사 식당 주변 잔디밭에는 길고양이들을 위한 고양이 쉼터가 있었다. 출퇴근길에 자연스럽게 그곳을 지나다니며 경계하는 고양이, 애교부리는 고양이, 무심한 고양이, 새끼 고양이까지 많은 고양이들과 마주했다. 때로는 먹을 것을 챙겨주고 비가 오면 박스로 풀숲을 가려주며 그들과 교감하기 시작했다. 그때까지만 해도 나는 그저 길고양이들을 가여워하고 좋아하는 사람이었다. 그런데 이직을 한 이후에도 쉼터 고양이들이 머리속에서 떠나지 않았다.

글·사진 강혜연, 이동률 @e.gg_mayo / **에디터** 박조은 언젠가 고양이를 키운다면 길에서 태어난 고양이 혹은 주인에게 버려지고 방치된 유기묘를 데려오고 싶었다. 그렇게 길고양이들과의 추억은 자연스럽게 유기묘 입양으로 이어졌다.

어느 날, SNS에서 '입양홍보' 태그를 보던 중 전주 어느 마을의 고양이가 공방에서 새끼들을 낳았다는 글을 읽었다. 아이들의 가족을 찾고 있다고. 네 마리의 꼬물이 남매 고양이였다. 아이들이 마음에 걸렸지만 확신과 용기가 없었기에, 좋은 집으로 가기를 바라는 마음으로 평소와 같이 응원만 하고 지나쳤다. 그런데 며칠이 지나도 아이들이 잊히지 않았다. 하루에도 여러 번 입양 계정에 들어가 아이들 사진을 보고 있는 나를 발견했다. 이후 수백 번 고민하고 또 고민했다. 그리고 아이들을 입양하지 않는다면 평생 후회할 것 같다는 결론을 내렸다. 지금 생각해보면 묘연이 아닐까 싶다.

당시 임보하고 있던 구조자 님께 입양 신청서를 보냈다. 구조자님과 깊은 대화를 나눴다. 아이들은 길거리 생활로 인해 예방접종도 받지 못했고 곰팡이성 피부병도 걸린 아이들이었는데 감사하게도 좋은 구조자님을 만나 치료를 받았다. 험난한 길 위에서 태어나 지금까지 잘 버텨준 아이들에게 너무나도 고마웠다. 나의 진심이 전해졌는지 구조자님은 기쁜 마음으로 입양신청을 받아 주셨다.

내가 고양이 집사라니… 믿기지 않았다. 거실에서 발을 동동 구르며 행복을 만끽했다. 그리고 아이들을 맞이할 준비를 시작했다. 먼저 새로운 이름을 선물하기로 했다. 어린 아기가 태어나기 전에 미리 태명과 이름을 지어주듯, 새로운 공간에서 행복하게 지내길 바라는 마음을 담아 새 이름을 지어주고 싶었다. 남매인 아이 둘이 함께 살게 되었으니 서로의 이름도 한 단어로 이어졌으면 하는 바람이 있었다. 열심히 고민하던 중 '반려동물의 이름을 음식으로 지어주면 오래 산다'는 이야기가 문득 떠올라 계란말이, 청양고추, 참치마요, 데리야끼까지 여러가지 후보를 정했다. 결국 계란 노른자 색깔의 털이 있는 아이는 '에그'가 되었고, 가슴 쪽에 마요네즈처럼 하얀색의 털을 가진 아이는 '마요'가 되었다.

처음에는 초보집사로서 모르는 것도 많고 어색한 것도 많았다. 사료부터 간식, 화장실, 모래 등 많은 것을 배우고 신경 써야 했다. 시간이 흘러 이제는 아이들이 맛있게 먹는 사료의 종류도 알고, 깨끗한 물을 챙겨주는 방법도 알고, 장난감으로 사냥놀이도 하는 보통의 집사가 되었다. 아이들이 우다다하는 소리, 화장실에서 발로 모래를 덮는 소리가 익숙하다.

고요했던 집에 에그마요가 활기를 불어넣었다. 이제는 우리가 한 집에서 사는 가족인 것이 자연스럽다. 에그마요는 주방에서 달그락 소리가 나면 맛있는 걸 주는 줄 알고 쪼르르 와서 앉아 있거나, 눈을 마주하며 야옹하고 말을 건다. 내가 누워서 쉬고 있으면 배 위에 살포시 올라와 잠을 청한다. 이렇게 편안한 아이들의 모습을 보면 '아이들도 나에게, 나도 아이들에게 안정감을 주고 있구나'하고 느낀다. 이 아이들을 위한 행복한 세상이 되어주고 싶다.

Hello, We Are Choco&Cone We Are Looking For Our Family

초코♂ / 2살 / 6kg / 코리안쇼트헤어
콘♀ / 2살 / 3.5kg / 코리안쇼트헤어

아주 어릴 때 오피스텔 지하 주차장에서 구조된 남매 고양이가 있었어요. 구조된 지 얼마 지나지 않아 40대 남성분에게 입양되었는데, 1년도 지나지 않아 배우자에게 알레르기가 있다는 이유로 파양했어요. 이후 둘은 시골 동네에 살고 계신 한 할머니 집에 맡겨졌죠. 고양이와 살아본 적도 없고 고양이에 대해서 잘 알지 못하는 할머니께서는 아이들을 잘 돌볼 수 없었어요. 낮에는 목에 방울을 단 채 바깥에 풀어놓았고 밤에는 방에 가둬뒀어요. 화장실조차 제대로 쓸 수 없는 환경이었다고 해요. 이 사실을 알게 된 구조자 분이 곧바로 달려가 두 고양이를 다시 데리고 오셨죠. 저는 이전에도 여러 번 임시보호를 했었기 때문에 가끔씩 구조자 분과 연락을 하고 있었어요. 이번에도 임시보호를 해줄 수 있냐고 여쭤보셨어요.

그렇게 임시보호를 시작하게 되었어요. 처음 우리 집에 왔던 날, 아이들은 엄청나게 꼬질꼬질했어요. 온 몸은 흙투성이에… 발바닥에는 진흙이, 털에는 지푸라기 같은 풀잎들이 여기저기 묻어 있었어요. 새로운 공간이 낯설었는지 책상 밑 구석에서 서로 몸을 붙이고 숨어 있던 모습이 생생하네요. 먼저 아이들에게 이름부터 지어줘야 했어요. 남매가 얼핏 보면 똑같이 생긴 것 같지만 자세히 보면 눈과 꼬리 모양 등이 달라요. 특히 덩치 차이가 좀 나죠. 덩치가 조금 더 큰 아이의 이름부터 지어줬어요. 털 색이 초콜릿 같아서 '초코'로요. 덩달아 작은 아이의 이름은 초코를 담는 '콘'이 됐죠.

초코콘 아이스크림. 이름처럼 둘은 항상 꼭 붙어있는 사이좋은 남매예요. 작은 콘이 초코 품에 폭 안겨 있을 때가 제일 많죠. 서로 그루밍을 해주기도 하고 함께 우다다 뛰면서 온 집안을 헤집고 다녀요. 똑같이 생긴 남매가 서로 의지하고 기대는 모습을 보고 있으면 마음이 따뜻하고 평온해지곤 합니다. 둘 다 가리는 것 없이 잘 먹어요. 처음 우리 집에 왔을 때 성묘였던 터라 이미 정해진 입맛이 있을 줄 알았는데 아니었어요. 사료를 바꿔 봐도, 습식 캔을 이것저것 줘봐도 전부 좋아하더라고요. 특히 츄르를 제일 좋아하는데요. 츄르 꺼내는 소리만 들리면 큰 소리를 내면서 후다닥 뛰어나와요. 그리고는 둘이 함께 제 양쪽 정강이에 정수리를 문지르며 졸라요. 빨리 달라고요. 게다가 배꼽시계는 또 얼마나 정확한지… 어느 날 아침 8시에 출근 준비를 시작할 때 한 번 습식 캔을 뜯어줬었는데 그걸 계속해서 기억하나 봐요. 아침 8시만 되면 자고 있는 저를 깨워요. 귀 옆에서 우렁차게 울거나 제 배 위를 성큼성큼 걸어가곤 하죠. 퇴근 때도 마찬가지예요. 문을 열고 집에 들어서자마자 후다닥 달려 나와서 정수리로 저를 쿡쿡 밀어요. "빨리 밥 내놔!"라고 당당하게 요구하는 거죠(웃음).

초코는 애교 많은 수다쟁이라서 끊임없이 저에게 말을 걸어요. 눈을 마주치고 싶어하고 잘 때는 꼭 팔베개를 해줘야 자요. 제 옆에 꼭 붙어있는 껌딱지예요. 반면 콘은 낯가림이 있는 편이라서 어둡고 밀폐된 공간에 있는 걸 좋아해요. 주로 폭신한 이불 속에 들어가 있죠. 그러다 가끔씩 다가와서 제 몸에 턱을 살포시 괴거나 배 위에 올라와서 식빵을 구울 때가 있는데, 그게 또 감동 포인트랍니다. 초코콘은 이렇게 사람을 좋아하고 소통하고 싶어해요. 그래서 집에 상주하는 사람이 있는 곳으로 가면 좋겠어요. 저는 출퇴근 때문에 집을 비우는 시간이 많아서 늘 걱정이거든요. 초코콘과 함께한 지 벌써 8개월이라는 시간이 다 되어가네요. 하루빨리 초코콘이 좋은 집사분을 만나 행복한 가정에서 살아가길 바라는 마음입니다.

글·사진 김인영 @nemonyangeeeee / **에디터** 박조은

사지 말고 입양하세요

사지 말고 입양하세요

LET'S MAKE OUR WORLD BETTER TOGETHER

온기를 모아모아

자료제공 애신동산 @aeshindogscats / 에디터 박재림

무더웠던 여름도 이제 슬슬 작별인사를 건네는 듯 합니다. 뜨거운 태양 아래 조금씩 알맹이를 키워온 곡식들은 이제 가을바람 맞으며 풍성한 미소를 지을 터. 하늘은 높고 말은 살찌고, 더불어 고양이도 강아지도 살찌는 계절을 기대하며 저희도 열심히 mellow Vol.4를 준비했습니다.

mellow는 독자님들이 보내주신 관심을 모아모아 도움이 필요한 동물 친구들에게 전달하고 있습니다. 매거진이 한 권씩 판매될 때마다 1000원씩 적립된 금액을 기부 중이죠. 지난 6월 mellow Vol.3 발간 이후 모인 기부금은 8월 중 유기동물 보호소 <애신동산>에 전달되었습니다. 애신동산은 유기견 380여 마리, 유기묘 30여 마리를 돌보는 경기도 포천의 사설보호소입니다.

애신동산의 고양이들은 묘사 안에서만 지내지 않습니다. 자유롭게 돌아다니죠. 예전에는 모두 묘사 안에서만 지내도록 했지만, 철망이나 합판 틈새로 억지로 빠져나오다가 상처를 입는 아이들이 생겼고 또 알아서 묘사를 오가는 모습이어서 마당냥이로 지내도록 했다고 합니다. 그래서 가끔씩 나타나는 보호소 근처 야생 고양이와 영역 다툼을 하기도 합니다.

고양이들은 영역을 중요하게 생각해서인지 밥이 있는 곳이라고 해서 무조건 와서 먹지 않아요. 그래서 이곳저곳에 밥그릇과 물그릇을 둡니다. 애신동산의 대다수인 강아지들의 식기도 부족한 형편이라 고양이들 몫도 낡고 오래된 것들입니다.

애신동산은 이번 mellow 기부금을 고양이 식기와 간식, 식수 구매에 사용하기로 했습니다. 권민정 애신동산 관계자는 "이 깔끔이들은 밥그릇과 물그릇에 아름답지 못한 것이 있으면 절대 먹지 않아요. 허락되는 건 꽃잎과 풀뿐이죠. 애신동산은 산속에 있어서 벌레가 많은데 초파리라도 하나 떨어지면 절대 먹지 않아요"라며 새로운 식기가 도움이 될 것이라고 전했습니다. 또 지난 여름 쥐벼룩으로 고생한 친구들을 위한 외부기생충약도 구했다고 덧붙였습니다.

애신동산은 보다 좋은 곳에서 고양이들을 반려할 수 있는 입양자를 찾는 작업도 꾸준히 진행 중입니다. 입양 문의, 후원, 봉사활동과 관련된 사항은 애신동산 봉사자모임 홈페이지(https://aeshindongsan.modoo.at)와 카카오 페이지 '애신동산봉사자모임'에서 확인할 수 있습니다.

mellow는 지난해 12월 애신동산과 인연을 맺고 지난 1년 간 각 매거진의 기부금을 전달했습니다. 그 사이 만난 은비, 호비, 나비, 금비, 구름이, 별이, 바람이 등 고양이 친구들에게 조금이나마 편한 하루하루를 선물할 수 있었던 건 독자 여러분의 사랑 덕분이었습니다. 뿌듯하고 행복했습니다. 다음 기부처는 오는 12월 Vol.5에서 소개 예정입니다. 독자 여러분, 다시 한 번 감사드립니다.

발행처
(주)펫앤스토리

Publisher
옥세일 Seil Ok

Contents & Editorial Director
김은진 Eunjin Kim

Senior Editor
조문주 Munju Jo
박재림 Jaelim Park

Editor
박조은 Joeun Park
최진영 Jinyeong Choi

Illustrator
버니팔렛 Bunnypalette
권부연 Buyeon Kwon
최형윤 Hyeongyun Choi

Photographer
안진환 Jinwhan Ahn
옥세일 Seil Ok

Art Direction & Design
김은진 Eunjin Kim

Senior Designer
최형윤 Hyeongyun Choi

Designer
권부연 Buyeon Kwon

Sales & Distribution
이재호 Jaeho Lee

Management Support
정선국 Sunkook Jung
안시윤 Siyun An

Marketer
김은진 Eunjin Kim
이유정 Yujeong Lee

Pubilshing
(주)펫앤스토리
도서등록번호 제 2020-00135호
출판등록일 2005년 3월 17일
ISSN 2799-5399
창간 2010년 9월 14일
발행일 2022년 8월 26일

(주)펫앤스토리
경기도 용인시 수지구 신수로 767
분당수지유타워 A동 2102호
767, Sinsu-ro, Suji-gu, Yongin-si,
Gyeonggi-do, Republic Of Korea

광고문의
mellowmate@petnstory.com
070 8671 3423

구독문의
mellowmate@petnstory.com
070 8671 3423

Instagram
magazine_mellow

Web
mellowmate.co.kr

mellow에 수록된 모든 글과 그림은 저작권법에 보호받는 저작물입니다. 해당 저작물의 무단 전재와 무단복제를 금합니다. 책의 내용을 이용하시려면 반드시 저작권자와 (주)펫앤스토리의 동의를 받아야 합니다.